黑龙江省教育厅项目（1352MSYQN007）资助
牡丹江师范学院横向课题(2017H27)资助

中国旅游供需
耦合协调发展研究

于洪雁　著

北京
冶金工业出版社
2018

内 容 简 介

本书共分8章。主要内容包括绪论、概念界定与相关基本理论、旅游供需耦合协调的模型与测度方法、中国旅游供需耦合协调的时空特征、中国旅游供需耦合协调的结构特征、中国旅游供需耦合协调的影响机制、旅游供需耦合协调的优化提升、结论与展望。

本书可供高等院校旅游管理专业高年级本科生阅读，也可供旅游管理专业研究生、高等学校教师研修参考，同时还可作为旅游业界制定旅游发展政策的建议和理论参考。

图书在版编目(CIP)数据

中国旅游供需耦合协调发展研究/于洪雁著. —北京：冶金工业出版社，2018. 6
ISBN 978-7-5024-7833-9

Ⅰ. ①中… Ⅱ. ①于… Ⅲ. ①旅游业发展—供需平衡—研究—中国 Ⅳ. ①F592. 3

中国版本图书馆 CIP 数据核字（2018）第157500号

出 版 人 谭学余
地　　址 北京市东城区嵩祝院北巷39号 邮编 100009 电话 (010)64027926
网　　址 www. cnmip. com. cn 电子信箱 yjcbs@ cnmip. com. cn
责任编辑 俞跃春 贾怡雯 美术编辑 彭子赫 版式设计 禹 蕊
责任校对 卿文春 责任印制 牛晓波
ISBN 978-7-5024-7833-9
冶金工业出版社出版发行；各地新华书店经销；三河市双峰印刷装订有限公司印刷
2018年6月第1版，2018年6月第1次印刷
169mm×239mm；9. 5印张；184千字；141页
66. 00元

冶金工业出版社 投稿电话 (010)64027932 投稿信箱 tougao@cnmip. com. cn
冶金工业出版社营销中心 电话 (010)64044283 传真 (010)64027893
冶金书店 地址 北京市东四西大街46号(100010) 电话 (010)65289081(兼传真)
冶金工业出版社天猫旗舰店 yjgycbs. tmall. com

前　言

旅游需求和旅游供给是旅游经济系统的两个重要组成部分，二者既相互影响又相互制约。旅游经济正是在维系旅游需求和旅游供给的动态平衡中不断发展完善，并在时空映射上表现出空间属性与特征。寻求旅游需求和旅游供给二者之间的平衡，协调二者之间的关系具有重要意义。

伴随着“供给侧结构性改革”战略方针的提出与改革的深入发展，旅游业因适应当前社会改革发展的大趋势，在未来供给侧结构性改革中必将担当新使命，获得新的发展契机。当前我国旅游业发展处于矛盾凸显期，旅游产品供给跟不上旅游消费升级的需求；旅游业管理和服务水平跟不上快速发展形势的需求。旅游供给结构不合理、不平衡，不能适应需求侧多元化的市场需求，严重制约了我国旅游业的发展。旅游业应抓住供给侧结构性改革这一机遇，优化旅游供需结构，平衡旅游供需矛盾，以推进其高质、高效、高速发展。

在理论与现实双重背景下，本书对旅游供需关系问题进行理论探讨与实证研究。本书基于传统区域经济增长理论，借助物理学的耦合协调理论，利用2004~2014年旅游需求和旅游供给的面板数据，遵循“理论基础—层次体系—模型构建—特征分析—机理挖掘—优化调整”研究主线，综合运用耦合协调模型、熵值赋权法、HP滤波分析法、重心坐标法、标准差椭圆法、面板数据变截距固定效应模型等方法，对我国31个省域旅游供需耦合协调的纵向外部化的时空特征、横向内部化的结构特征和影响机制进行深入分析，并提出优化路径与对策。通过研究，完善旅游供需的相关理论，提供实测方法与技术支撑；揭示区域旅游供需关系发展的实际情况，并为旅游供需关系的耦合协调发展提供参考。

本书内容主要包括六个部分:

第一部分包括绪论、概念界定和相关基本理论,奠定本书研究基础。绪论部分介绍研究背景、研究的理论与现实意义、国内外相关研究综述与述评、研究内容与方法、研究思路与技术路线。概念界定与相关理论基础部分是对书中涉及的概念,包括旅游需求、旅游供给、旅游供需、耦合协调等进行明确定义;并阐述与本书研究密切相关的多学科相关理论,包括旅游供需均衡理论、区域经济增长理论、旅游流理论、旅游地生命周期理论、可持续旅游发展理论。

第二部分是旅游供需耦合协调模型的构建。构建旅游供需耦合协调的理论体系与实证模型,并介绍熵值法、HP 滤波分析法、重心坐标法、标准差椭圆法等多种实测方法,为后文实证研究提供模型基础和方法支持。

第三部分为中国旅游供需耦合协调的时空特征、结构特征。在数据处理的基础上对旅游需求、旅游供给系统进行综合评价;对旅游供需耦合协调的总体特征、时序特征、空间特征的发展与演变进行解析,并归纳总结旅游供需耦合协调的变化规律。对旅游需求和旅游吸引物、旅游交通、旅游服务、旅游环境子系统耦合协调的特征与演变情况进行分析,并挖掘旅游需求和旅游供给子系统耦合协调的发展规律。

第四部分为中国旅游供需耦合协调的影响机制研究。构建旅游供需耦合协调影响机制的理论体系,包括内部和外部影响机制,共涵盖旅游产业结构、旅游资源禀赋、市场潜力、技术变革与创新、经济发展水平、制度因素、文化因素、对外开放程度等 8 个影响因素。运用面板数据变截距固定效应模型,对旅游供需耦合协调度这一解释变量和控制变量之间的关系进行分析,根据模型结果挖掘每个控制变量对旅游供需耦合协调的影响程度。

第五部分为旅游供需耦合协调的优化提升。根据理论研究、实证分析结果、现实政策确立旅游供需耦合协调的优化目标,从旅游供需数量、旅游供需质量、旅游供需时空差异、旅游供需结构方面进行优化设计，从旅游产业结构、资源禀赋、经济发展水平、制度因素、文化因素、对外开放等方面进行对策解析。

第六部分为结论与展望。对上述各章内容进行总结和归纳，提炼出六点基本结论和四点创新与特色之处，并指出研究的不足和对未来进行展望。结论包括：（1）重构了旅游需求和旅游供给系统的层次体系，阐释了旅游供需耦合协调原理，构建了旅游供需耦合协调影响机制的理论体系。（2）旅游需求和旅游供给系统的综合评价水平表现出明显的上升趋势。（3）旅游供需耦合协调的时空演变特征明显。（4）旅游需求和旅游供给子系统耦合协调的结构特征分明。（5）旅游供需耦合协调发展的影响机制显著。（6）提出促进旅游供需耦合协调的优化路径和对策。本书的特色与创新之处体现在：完善了旅游供需耦合协调的理论体系，拓展了旅游供需耦合协调研究的空间分析方法，开创了对旅游供需耦合协调影响机制的面板数据回归模型分析，提出旅游供需耦合协调研究的探索性框架和范式。此后还可从理论深度、研究尺度、研究方法等方面对旅游供需耦合协调进一步深入研究。

在本书出版之际，感谢长期以来给予指导和帮助的各位老师，特别感谢东北师范大学刘继生教授给予的诸多指导与建议。本书除作者的研究成果外，还参考引用了国内外专家学者的文献资料，在此表示感谢。本书的出版，得到了黑龙江省教育厅项目（1352MSYQN007）和牡丹江师范学院横向课题（2017H27）的支持，在此一并表示衷心感谢。

由于作者水平有限，书中不妥之处，敬请专家和读者批评指正。

作　者

2018 年 5 月

目　　录

1 绪　论

1.1 研究背景与意义

1.1.1 研究背景

1.1.1.1 供给侧结构性改革背景下，旅游供需关系的优化调整恰逢其时

结合中国经济的发展状况，2015 年 11 月，中国首次提出“供给侧结构性改革”的战略方针，强调在适度扩大总需求的同时，着力加强供给侧结构性改革，着力提高供给质量和效率，使供给体系更适应需求结构的变化，增强经济的持续增长动力。由此看来供给侧结构性改革是未来一段时间国家宏观经济层面的重要战略举措。在这一战略框架下，一些产业因适应当前社会供需改革发展变化的大趋势，将在供给侧结构性改革进程中发挥重要作用。其中，以旅游、休闲、娱乐为核心的生活服务性产业将扮演重要的角色。2015 年中国有超过 40 亿人次的国内旅游者，相当于全国人均出游 3 次，旅游业对全国 GDP 的综合贡献占总量的 10.8%。旅游不仅是一种经济现象，更是一种社会现象；不仅是一种社会生活方式，更是人们的一种经济常态。旅游活动已由“旧时王谢堂前燕”，飞入寻常百姓家了，中国站在“旅游社会”的门槛上。因此，在供给侧结构性改革进程中，以旅游、休闲、娱乐为主的生活服务性产业供给必然会大有所为。

2016 年 1 月召开的旅游工作会议上，国家强调要深入贯彻供给侧结构性改革战略，加快转变旅游发展方式，着力推进旅游供给侧改革。当前我国旅游业发展处于矛盾凸显期，旅游产品供给跟不上旅游消费升级的需求；旅游业管理和服务水平跟不上快速发展形势的需求。旅游供给结构不合理、不平衡、不能适应需求侧多元化的市场需求，严重制约了中国旅游业的发展。旅游业应抓住供给侧结构性改革这一机遇，在优化旅游产品、完善旅游服务、扩大旅游消费市场方面取得新进展，在旅游投资、旅游消费升级方面实现新突破，成为平衡我国旅游供需矛盾、推进我国旅游业发展建设的重要切入点。

1.1.1.2 旅游业实现健康持续发展的客观要求

根据预测，到 2020 年中国国内旅游人次将接近 60 亿，人均出游达到 4.5 次。旅游业已经成为增加我国外汇收入、刺激公民消费、加速经济发展的新增长点。巨大的旅游市场需求正在加速释放，而巨大的需求也着实让人欣喜、让人忧。伴随旅游需求逐渐扩大，旅游供给方面存在的问题逐渐暴露。一方面低水

平、粗放式、同质化的旅游产品大量存在；另一方面高品质、精细化、个性化的创新型旅游产品和休闲度假产品供给严重不足。旅游需求与旅游供给之间的种种矛盾已经成为制约我国旅游业健康、持续发展的瓶颈。因此，如何调整旅游供需结构，从而创新、创造、引领、满足、保障日益增长的、多样化的、多层次的旅游需求，打造出“让人心动的旅游产品”、“让人欣喜的旅游服务”、“让人心想的旅游品牌”、“让人心安的旅游环境”，提高旅游供给体系的质量和效率，提升游客满意度，是促进我国旅游业健康、持续、高效发展的关键。

1.1.1.3 旅游产业转型升级的重要前提与保障

旅游业作为一项综合性产业，又并非是一般意义上的产业，它是围绕旅游者旅游需求的各个环节而形成的一项供给集合。旅游业应该比其他产业更加注重产业结构的优化调整。经济学家库兹涅茨说：“如果没有结构转变，持续的经济增长将不可能实现”。产业结构优化调整既会产生新的生产力与竞争力，又可大幅度避免资源的闲置，促进集约化发展。

旅游业是关联性较强的第三产业，宏观经济中的众多部门都与旅游业有着千丝万缕的联系。从旅游需求方面来看，食、住、行、游、购、娱等六大环节内部要素及其相互之间的关系均需优化；从旅游供给方面来看，旅游景区（景点）、旅行社业、旅游酒店业及其他相关行业内部要素的搭配、合理匹配程度、联合发展等均需优化。更为重要的是，旅游需求和旅游供给系统内部各要素是否匹配发展，契合程度、合理配置程度，都是旅游产业结构调整中需要考虑的问题。

新兴产业的不断涌现，需要旅游业同其他新兴产业不断进行行业联动与产业融合。产业融合不仅是旅游业发展的新趋势、新风向，也是旅游供给侧结构性改革的新要求，更是满足游客多元化旅游需求的新视角。通过这一改革，可以联动和整合不同产业，形成新的产业形态和产品体系。例如旅游 + 农业/工业、旅游 + 医疗、旅游 + 教育、旅游 + 文化等，坚持旅游与相关产业的融合开发，依托现有各类社会资源，包括文化、教育、体育、医疗、农林、水利、村镇等，开发大众休闲产品与人文旅游产品，与相关产业供给实现对接，逐步形成“旅游产业化、产业旅游化”的大格局。

1.1.1.4 区域旅游形象和竞争力提升的必然要求

从国内旅游业发展情况来看，大多数区域与城市都存在旅游供需不平衡、不匹配的结构性问题，这对目的地旅游业长期发展和竞争力的提升尤为不利。一些地区旅游需求滞后，旅游供给相对过剩，旅游业发展呈现迟缓的局面；一些地区旅游需求旺盛，但存在旅游产品单一、旅游服务不到位、旅游基础设施不完善等旅游供给不足问题，旅游业发展呈现畸形的局面。旅游业发展的迟缓或畸形都将影响游客的旅游体验和满意度，进而降低对目的地旅游地形象的感知度。

中国国家旅游局局长在2014年“世界旅游城市市长论坛”中表示，旅游是城市的名片，不仅属于个人精神领域，而且作为一个综合性朝阳产业对城市发展的方方面面都产生着影响，旅游是城市发展的硬实力。因此，在旅游业发展过程中，尤其是作为旅游地理研究者应该继续探索旅游业和城市发展之间千丝万缕的关系，揭示二者之间的表层关系与现象，并深入挖掘内部的发展规律。纵观新加坡、东京、巴黎等世界以及国内知名旅游目的地，都十分重视城市旅游形象的建设。我国作为旅游资源丰富、文化悠久、历史底蕴深厚的国家，各个省市都以其独有的魅力和特色吸引了大量的国内外游客观光游览、休闲度假。对此，习近平总书记曾指出，绿水青山是金山银山，黑龙江的冰天雪地也是金山银山。那么如何将那些青山绿水、冰天雪地等旅游资源转化为更有吸引力的旅游产品和现实的、有效的旅游供给，同时避免类似“天价虾”、“天价鱼”、“天价澡”等旅游供给事件的再度重现呢？区域旅游发展面对重大改革，挑战与机遇并存。在供给侧结构性改革和“一带一路”畅议背景下，应将旅游供给结构性改革置于地方和国民经济发展大局、全局中，树立系统思维，统筹谋划、因地制宜，不断优化旅游供给，从而提升区域旅游竞争力，塑造旅游形象，增强区域综合实力。

1.1.1.5 旅游供需的相关研究需要补充

旅游活动具有很强的经济属性，任何经济活动都涉及需求和供给两个方面，旅游供给方面又是结合当前中国经济发展所提出来的新战略，成为研究的新热点。纵观学术界对旅游供需关系的研究，尽管文献数量逐渐增多，但仍存在些许不足：（1）旅游供需的研究主题不断深入，但理论研究较为浅薄，尤其是旅游供需的基础理论需要进一步深化。旅游供需研究已涉及酒店业、旅行社、旅游景区、文化旅游地等多个领域，研究中侧重对各个领域旅游供需关系的实证分析，而供需关系的真正内在联系，以及由此上升到理论层面的供需基础理论发展滞后与缓慢，有待加强。（2）普遍重视对旅游需求与供给表层关系的研究，而对旅游供需内部的结构研究不足。区域旅游供给数量如何、质量如何，尤其是旅游供给结构及其内部关系如何、旅游供给本身结构如何、层次构建及其结构是否合理，相关文献对此类问题的研究可谓凤毛麟角，更没有针对旅游供需的内部结构以及旅游供给结构问题提出针对性的意见。（3）旅游供需关系的研究缺乏空间分析，对空间差异、空间演变等方面研究仍有待进一步深化。空间分析是当前人文地理学以及旅游地理学研究的热点，借助空间分析工具，可以得到不同于传统方法的一些结论，可以揭示一个事物内部或不同事物之间的相互关系、影响因子及其运行效率，但旅游供需关系研究中对空间分析的方法引入不足，对旅游供需的特征、形成机制分析的不足制约了研究的实际意义。

旅游需求和旅游供给的关系如何，对旅游活动的顺利开展举足轻重。旅游供需关系如何界定，旅游需求和旅游供给的层次体系如何构建，旅游供需关系有哪些特征、影响机制如何、提升路径又是如何，都值得学者们进行探讨。

1.1.2 研究意义

1.1.2.1 理论意义

（1）在研究内容上弥补旅游供需研究的不足。

目前在众多学者的努力探索下，旅游地理学已经形成一个较为完备和系统的学科体系，并涌现出诸多具有一定深度和较高价值的研究成果，尤其是在旅游资源与区域旅游开发、旅游流、旅游空间结构、旅游目的地竞合等方面均取得丰硕成果。但将旅游供需关系作为一个整体系统进行的研究较为匮乏。旅游需求和旅游供给作为旅游经济系统不可或缺的两个部分，对其二者进行融合研究具有深厚的学科意义。同时旅游供给侧结构性改革又是最新提出的热点问题，对二者的研究具有重要的现实意义。尽管如此，旅游需求和旅游供给及其关系问题仍不是旅游地理学研究的主流，当前大部分和此相关的文献资料仅集中在对旅游供给点、旅游供需的表层关系研究中，缺少对旅游供需关系结构的评判和综合分析，研究零星分散，尚未形成一个完善的理论体系。

本研究基于传统区域经济增长理论，借助物理学、系统学等相关理论，利用地理学的空间分析方法，分析旅游供需耦合协调的时空特征与结构特征，进而对影响旅游供需耦合协调发展的影响机制进行研究，以找到相应优化路径和对策。完善旅游供需的理论基础，为旅游供需关系的深入开展提供实测方法与技术支持。

（2）将空间分析、计量经济学等相关方法引入旅游供需研究之中。

区域研究、空间分析、人地关系是人文地理学研究的三大主题。旅游供需研究与这三大主题关系较为密切，旅游需求和旅游供给及供需关系都是多种因素共同构成的复合系统，研究中需要以区域背景为基础，结合要素之间的相互关系，运用人文地理学的空间分析方法对其总体特征、演化、机制进行研究。同时旅游供需关系的研究与人文地理学传统范式密切相关，通过研究丰富人文地理和旅游地理的学科内涵，理论意义较为重要。

计量经济学是一门新兴的学科，近十年来计量经济学相关模型在国内外经济、社会等多个学科领域的应用大幅增多。计量经济学同样也得到了地理学者、旅游学者的重视。应用人文地理学的空间分析方法来解决系统的时空特征、结构分析等问题，而如此这般的特征与结构背后隐藏着怎样的原因与机理，通过计量经济学的相关模型可以得到解释。计量经济学研究中，通过空间介质、要素流动、空间结构在不同时间节点保持不变等相关假设，以时间和空间维度来深入分析旅游供需关系发展的相关问题和动态演变路径。旅游供需关系作为衡量旅游业发展的一个重要指标，二者也是旅游经济系统内部的两个重要环节，受到来自经济、社会、文化等多重因素的影响，而旅游供需关系的结构和特征的影响因素更为复杂，哪些因素会成为首要影响因素，哪些因素影响程度较弱，将运用计量经济学中的相关模型来进行剖析，以丰富旅游地理学的研究内容和研究方法。

1.1.2.2 现实意义

（1）通过对旅游供需关系的分析，有利于客观认清区域旅游业发展实际。中国旅游业取得举世瞩目的成绩，但也面临诸多问题。低水平、粗放式、同质化的旅游产品大量剩余，与高品质、精细化、个性化的新业态产品和休闲度假产品供给严重不足，呈现出结构性过剩与短缺并存的局面。淡季旅游需求减少，旅游供给剩余、闲置与旺季旅游需求井喷式增长，旅游供给“紧绷”、“饱和”、“爆满”，呈现出季节性过剩与短缺并存的局面。部分地区旅游服务设施完善、基础设施良好、服务水平较高、综合接待能力较强，而部分地区旅游服务设施不健全、基础设施配备不完善、服务水平参差不齐、综合接待能力弱，无法满足游客的需求，呈现出区域性协调与短缺并存的局面。本书通过对中国31个省市旅游供需耦合协调关系的研究，对旅游供需系统的综合发展情况、旅游需求和供给的滞后类型、旅游供需耦合协调的时空特征、结构特征进行全面评价。从而使读者对中国旅游供需关系有一个全面的、清晰的认识。不仅为中国旅游业的健康发展提供相应的参考，同时也为旅游供给侧结构性改革提供详尽的现实分析基础。

（2）旅游供需关系及其影响机理的深入分析，为旅游产业升级提供坚实支撑。自改革开放以来，旅游产业经历了快速的规模扩大化阶段，单纯的总量增长将逐渐碰到瓶颈，从量化增长转变为质化增长的重要性和迫切性越来越引起相关部门和学者的重视。旅游业是一项关联性很强的第三产业，酒店业、旅行社业、景区服务业等行业内部投入产出要素的搭配、行业间的竞争与合作、市场主体多元化的转变、旅游联合体的开发、旅游互联网综合平台的构建等，都是旅游产业结构调整中需要解决的问题。同时，旅游产业需要行业联动与产业融合，形成新的产业形态和供给侧体系。但是如何实现这种转变、突破口在哪里，一直困扰着业界。而对旅游供需关系的研究，一方面可以结合旅游需求和旅游供给系统的综合发展状况和旅游供需耦合协调情况的研究，找到旅游产业结构中的薄弱环节，尤其是旅游供给内部的薄弱环节，从而有针对性地对旅游产业内部结构进行相应调整；另一方面，从旅游需求的视角出发，有的放矢地完善旅游产业与新兴行业的关系，促进产业间的融合。

（3）旅游供需耦合协调优化路径的研究，为旅游供给侧结构性改革的政策制定提供科学参考。伴随“供给侧结构性改革”及“推进旅游供给侧改革”战略方针的提出，全国各地不断深入贯彻工作精神，适应和引领经济发展新常态，加快转变旅游发展方式，着力推进旅游供给侧改革。而旅游需求和供给作为经济运行的两个重要环节，任何一方的研究都离不开另一方的支持。旅游供需关系到底如何，是和谐匹配发展，还是结构失衡？旅游供给是否有效满足旅游需求？旅游供给结构存在着怎样的问题？如何对旅游供需关系进行优化调整？本研究将解答这些问题，从而为旅游政策制定提供科学依据。

1.2 国内外研究综述

旅游需求、旅游供给及其关系作为旅游经济运行的主要方面，对其研究伴随着旅游经济活动的发展而逐渐兴起。国外学者研究开始于 20 世纪 50 ~ 60 年代。尤其是二战以后，随着发达国家经济的迅速恢复和发展，国际旅游得到了初步发展，旅游经济收益凸显，学者们更加注重对旅游经济的研究。20 世纪 80 年代后，学者们开始对旅游需求和旅游供给的发展进行相应的预测，以提高旅游市场份额。20 世纪 90 年代后，学者们又较为关注旅游供需关系的研究，以提高旅游经济的运行效率。

1.2.1 国外研究综述

1.2.1.1 旅游需求

国外学者在 20 世纪 60 年代开始关注旅游需求方面的研究，经历半个多世纪的发展，取得较丰硕的研究成果。主要集中在对旅游需求的概念、影响因素的理论探索、旅游需求的预测和模型方法研究。

A　理论探讨层面

加拿大学者斯蒂芬史密斯认为，旅游需求概念来源于经济学中的需求，总结了旅游需求的四种概念形式。在概念探讨基础上，学者们更加注重对旅游需求影响因素的讨论。Clive 从社会学角度提出收入对旅游需求发挥的关键作用，认为高、低两个极端收入人群的旅游需求收入弹性较小，而旅游需求收入弹性主要受中产阶层影响[1]。Teresa 也赞同旅游者收入情况是影响旅游需求的首要因素[2]。Kevin 等以香港国际旅游需求为案例，分析客源国经济状况和旅游地的宣传效应对旅游需求产生的影响[3]。

B　方法与模型构建层面

国外学者较为注重对旅游需求模型构建和预测方法的研究。Christine 等将旅游成本分解为目的地旅行成本和旅游者生活成本[4]，尝试以旅游者生活成本作为替代变量建立预测模型。Clive 依据经济效用理论构建需求预测模型，把旅游决策与时间、预算相结合，允许收入、价格等因子的改变，强调非旅游物质效用功能的新模型[1]。Pilar、Greenidge 利用结构性时间序列模型（STM）分别预测西班牙、加勒比海地区的国际旅游需求趋势[5,6]。而Rebecca、Akis等运用回归分析法分别对肯尼亚、土耳其的旅游需求、客源国出游情况等进行预测，对旅游需求进行估计与预测[7,8]。Bill等运用计量经济学模型尝试对旅游需求进行预测[9]，Rob等基于神经网络方法研究旅游需求预测模型[10]。

由此可见，国外学者对旅游需求的研究尝试了多种方法和模型，对旅游需求预测方法和模型的探索逐步深入，研究结果也较为准确。通过梳理国外学者对旅游需求的研究发现，国外对旅游需求的研究多从经济学角度入手，旅游需求的研究是以追求产业效应为主要目的，鲜有学者从地理空间、社会学等其他角度进行旅游需求方面的探讨。研究中过度依赖模型的运用和数理方法的使用，而忽略对旅游需求理论层次的深入讨论和挖掘。

1.2.1.2　旅游供给

国外对旅游供给的研究主要集中在三个方面：一是着重对旅游供给点的研究，例如城市交通、旅游用水、气候环境、住宿与旅游供给的问题与管理；二是从供给商之间的合作与联动出发，对旅游供给的整合研究，例如旅游供应链、区域旅游供应合作等；三是旅游供给的综述研究及其与经济发展之间的关系。具体研究内容如下。

A　旅游供给点研究

国外学者对旅游供给点的研究主要包括旅游用水、气候环境、住宿、交通对旅游供给的影响方面。Kent、Gössling分别研究了地中海地区岛国马洛卡水供应紧缺对旅游业发展的制约、旅游聚集区水资源有限供给与需求的矛盾问题[11,12]。Ells从食品供应对旅游业发展的影响进行探讨[13]。Chengfei和Csete着重探讨舒适的气候、自行车设施及其变化对旅游供给，尤其是生态环境脆弱地区的旅游供给的影响[14,15]。Lundmark对瑞典自然旅游资源供给难以满足旅游需求进行探讨[16]。Albalate等以欧洲城市数据库为基础，说明旅游者对城市公共交通的需求不断增强与公共交通服务供给短缺造成的诸多负面影响[17]。

B　旅游供应链研究

在旅游供给研究中，相当大的一部分文献是研究旅游供应链的，可以归纳为几个方面：（1）部分学者探讨供应链与旅游业之间的关系。Marcouiller认为旅游供给系统和供应链存在诸多关系，创造地将供应链理论引入到旅游业研究中[18]。Font随后将供应链管理概念、操作流程贯穿到整个旅游经营活动中[19]。（2）部分学者深入研究旅游供应链系统的构成、特征、模式。Muhcină认为旅游供应链的构成包括供应商采购选择、内部物流管理及与所有营销渠道伙伴合作的规划和管理活动[20]。Yang提出旅游供应链TSC模式，包括主题公园运营商、住宿和旅游经营者服务，运用博弈理论研究彼此间的合作与竞争，并试图探讨实现不同经营者之间的整合[21]。（3）部分学者研究旅游供应链的管理。Zhang对特定旅游目的地旅游产品的供应链进行研究，识别和探讨了旅游供应链管理问题[22]。Pellegrin 则从供应链的动态演变与组合方面提出旅游供应链的管理创新，为旅游供应链的研究提供一个新视角[23]。Zailani 探讨服务供应链的操作对旅游企业盈利能力的影响，包括需求、资源、客户关系、供应商关系、订单流程、服务绩效、信息技术等方面[24]。（4）部分学者研究旅游供应链的可持续发展。Adriana 基于对大型旅游经营者的案例分析，探讨旅游大背景下八大旅游运营商的绿色旅游供应链的应用[25]。以 Dong 为代表的学者注重对农村旅游地、贫困旅游地、欠发达旅游区旅游供应链的模型问题[26]。

C 旅游供给理论及其与经济发展关系的研究

Smith 在前人研究基础上再次确认旅游供给的概念，并对加拿大旅游供给层次进行划分[27]。Kozak 对旅游供给定义、特点和分类进行分析的基础上，利用因子分析和回归分析建立需求和供给之间的关系体系[28]。Papageorgiou 创造性地从社会维度对旅游供给进行概念解析和层次构建[29]。Riley 运用经济学中供给曲线的斜率来探讨旅游劳动力市场供给的盈亏，以此来预测旅游劳动力市场情况，提高旅游供给能力[30]。

1.2.1.3 旅游供需关系的一般讨论

旅游供需关系的相关研究自 20 世纪 60 年代提出后，历经提出阶段、初步发展阶段、快速发展阶段，在旅游供需关系的理论研究与方法探讨方面取得一系列卓有成效的研究成果。

（1）旅游供需的理论奠基阶段。旅游需求和供给是旅游经济学研究中的重要组成部分，旅游经济学的发展为其奠定了深厚的基础。旅游经济学的发展可以追溯到 19 世纪末期。1899 年鲍德奥发表的《在意大利的外国人的移动及其消费》，揭开了现代旅游经济研究的序幕。马里奥蒂出版《旅游经济讲义》及续编，被认为是第一次对旅游经济系统化的研究。20 世纪 30 年代初至第二次世界大战，德国柏林商业大学的格里克恩斯教授倡导从多学科角度研究旅游经济现象，并出版《一般经济论》，论及旅游的经济和社会作用。对旅游经济的研究已经从表面延伸到本质上，从形式延伸到规律上，认识到旅游经济现象中的复杂性与综合性。所有这些理论都为对旅游经济的后续研究奠定了深厚的理论基础。

（2）旅游供需的提出阶段。第二次世界大战结束到 20 世纪 60 年代，旅游活动不断大众化，现代旅游体系逐渐形成。学者们开始在旅游经济研究主题下，进一步细化到旅游需求和旅游供给的研究。这一阶段，研究成果较少，但也推动了旅游供需研究的发展。罗伯特和夏西肯特的《旅游的原理、实践与哲学》，彼德的《国际旅游贸易》，英国亚德里恩的《旅游经济学》等分别对旅游需求、旅游供给、旅游供需的相关概念等进行论述，开创了对旅游供需的研究，相关研究逐渐起步。

（3）旅游供需初步发展阶段。20 世纪 80 年代后，是旅游供需研究的发展阶段。Lopez 通过对西班牙旅游住宿业的空间特征和格局变化分析旅游供需匹配情况，并对未来发展进行预测[31]。Schoppner 对农村休闲度假旅游需求与供给进行探讨，通过对旅游者和旅游供应商问卷调查的数据分析，试图说明假日旅游的性质及如何实现假日旅游的供需平衡，这对旅游供需的研究提供了有益参考[32]。国外关于旅游供需的研究成果开始增多，但这一时期参与研究的人数仍然有限，研究所做的工作仍然是零散的，并没有明显的研究方向。

（4）旅游供需的快速发展阶段。进入 21 世纪，旅游业进入发展最快最稳定的时期，旅游需求和旅游供给规模的迅速扩大，给研究者和从业者提出了大量亟待解决的课题。学者们对旅游供需渐渐表现出浓厚的研究兴趣，这一时期以主动参与和多样化的研究内容为特点，相关研究成果层出不穷，研究领域不断扩大，新视角和新思维不断涌现。Wöber 创造性探讨了旅游活动中的信息需求与供给，此项研究在旅游营销决策支持系统中发挥重要作用[33]。Kozak 等认为旅游业作为土耳其经济发展的一个主要部分，发展的关键是旅游资源的供应规划和旅游市场的需求营销，并建立资源供应与需求量之间的联系[34]。Buccellato 从旅游卫星账号中找出当前最新的、连续的旅游需求与旅游供给数据，阐述二者关系[35]。

1.2.1.4 *旅游供需耦合协调的研究*

国外学者对旅游供需耦合协调的研究开展较早，并取得了理论与实证方面的双重成果。其中，旅游流作为旅游需求的外部特征和表象显现，与目的地供给协调研究是国外旅游供需耦合研究的焦点所在。

（1）旅游供需耦合的理论研究层面。Leiper 从空间结构角度提出包括旅游者、旅游业、客源地、旅游通道和目的地等，囊括了旅游需求和旅游供给两大方面的五大要素结构模型[36]。Cooper 在此基础上，进一步从旅游供需关系视角对其进行解释[37]。Gunn 则认为旅游供需匹配关系是实现旅游系统功能的基础[38]。Pearce 对旅游需求的功能模式及旅游空间结构中旅游通道问题进行分析，认为旅游需求理论对目的地发展具有重要意义[39]。

（2）旅游供需耦合的实证研究层面。Chokre 以欧洲游客收入和突尼斯旅游产品价格为分析因子，基于旅游供需视角，对二者协整分析并解释其因果关系[40]。Emanuela 利用空间互动模型对意大利旅游供给和旅游流的协调进行研究[41]。Kim 以韩国影视剧为例，对入韩的日本客流与旅游目的感知进行耦合分析[42]。Haiyan 等对旅游需求和旅游供给的平衡关系进行探讨[43]。

（3）旅游供需耦合研究的细分。国外对旅游供需耦合研究涉及范围较广，研究较为细致。既包括旅游目的地旅游供需模型与管理等宏观旅游供需耦合的研究；又包括旅游流与旅游资源、交通、经济、环境、饭店等旅游供给之间的耦合研究。关于前者的研究，例如 Richard 对旅游业运行周期、波动差异及动力机制进行宏观剖析[44]；Korel 分析日本旅游需求和旅游供给互动作用的同时，研究二者的耦合关系、发展形势[45]。后者的研究涉及学者较广：一些学者对旅游需求和旅游资源供给的耦合协调进行研究，Sven 基于旅游供给视角从旅游目的地资源环境承受力、旅游耦合协调力、便捷性三个方面对目的地旅游供给的发展进行评价[46]；Steven 认为应从财政收入、技术等方面提升博物馆发展，努力实现旅游供给和游客高感知度的耦合协调[47]；Werner 等研究了人造旅游景观与旅游者的耦合协调[48]。一些学者研究旅游需求和旅游交通供给的耦合协调，Albalate 等对城市公共交通供需耦合协调进行研究[49]，Yaron 运用投入产出模型，对以色列机场改进后的旅游需求与供给耦合协调进行分析判断[50]。一些学者对旅游需求与旅游饭店供给耦合进行研究，Ricardo 基于酒店供给与需求的不确定性和不平衡性，对阿尔加维酒店业的旅游供需效率进行评估[51]；Vani 基于酒店客房收入、入住率等指标对澳大利亚酒店的供需情况进行分析[52]；Henry 对拉斯维加斯酒店旅游需求和供给耦合协调情况进行分析，并进一步探讨影响要素[53]，Jan 对成熟型旅游目的地公寓式酒店的旅游供需耦合协调情况进行研究[54]。此外，还有一些学者对旅游需求和环境、经济发展水平的耦合协调度进行研究。例如，Sandra 探讨旅游目的地的供需协调互动关系，认为目的地旅游可持续发展依赖于合理的旅游需求[55]；Stroma 对巴厘岛旅游业发展与淡水需求进行耦合分析[56]。由上述国外学者对旅游供需耦合研究的梳理可见，国外学者对旅游供需耦合协调的研究较为细致，同时取得了诸多研究成果。

1.2.2　国内研究综述

1.2.2.1　旅游需求

旅游需求是现代旅游经济产生和发展的重要前提，没有旅游需求就没有现代旅游经济的发展。我国对旅游需求的研究开始于 20 世纪 80 年代。这一时期以理论研究为主，即对西方经济学在旅游学中的阐述以及国外计量研究成果的引介。进入 20 世纪 90 年代，相关研究开始丰富，并逐步由理论研究跨入实证应用，进而深化到对研究方法的探索。对旅游需求的研究主要包括四大方面：旅游需求的基础理论和模型构建、旅游需求影响因素、空间分析、旅游需求预测。

A　旅游需求理论的研究

张辉[57]、谢彦君[58]、保继刚[59]从经济学角度出发，从不同着重点对旅游需求概念进行界定，并对其内涵和外延、特点进行充分解释说明，为旅游需求的研究奠定理论基础。此后，学者王艳平对旅游需求定义中的“三种现象”进行澄清与剖析，对旅游需求的影响因子梳理和约束力强弱分析[60]。李丰生首次试图建立函数模型，探索出简易可行的旅游需求函数方法[61]。欧阳润平对国内外旅游需求的研究内容进行梳理，总结出研究的总体特点，并探讨未来的发展趋势[62]。

B　旅游需求影响因素的研究

旅游需求是一个复杂的经济指标，是多种复杂因素交互作用的结果。众多学者为了解和掌握旅游需求的内涵与规律，对旅游需求的影响因素进行深入分析。翁钢民[63]、雷平[64]、张洪[65]等均对影响我国国内城市居民旅游需求的因素进行多方法、多角度的关联分析。朱湖英[66]、吴普[67]、王铮[68]、颜麒[69]、李享[70]、成英文[71]分别探讨了收入水平、气候、重大事件、政策、年龄、汇率等因素对旅游需求产生的影响。姚沛[72]、王纯阳[73]、黄福才[74]分别运用双对数线性模型、VAR 模型、一般到简单建模法对旅游需求的影响因素进行建模解析，丰富了旅游需求影响因素的研究方法。

C　旅游需求的空间分析

在旅游需求理论研究的基础上，相关旅游地理学者对旅游需求进行了实证分析与空间序列演变的探索。崔凤军首次以泰山为例对旅游需求时空分布规律及旅游者行为特征进行研究[75]。黄华创造性地结合国民休闲和内需扩大后的本地旅游需求不断提升的现实变化，重构内外需求更为平衡条件下的新旅游地空间系统[76]。滕丽[77]、韦福巍[78]、张建辉[79]、朱沁夫[80]等分别对中国城市居民旅游需求差异、广西入境旅游需求时空演变、城市居民旅游需求空间差异与演变、国内旅游需求的特征进行分析。徐晓娜[81]、黎洁[82]、谢慧明[83]、唐晓莉[84]等分别运用 SOM 网络方法、一般均衡模型 CGE、需求函数、缺口模型等对旅游需求的区域差异进行了实际测度与验证，丰富旅游需求研究方法，推动旅游需求实证研究的进程。

D　旅游需求的预测

20 世纪 70 年代，旅游需求预测的研究得到了国外相关学者的关注，他们从多个角度对发达国家和发展中国家旅游目的地的国际旅游需求作出分析，现已形成一套以定量分析为主的预测体系。而国内学者是在 20 世纪 90 年代涉足旅游需求预测的研究，赵西萍等介绍国际旅游需求预测领域的最新动态，并倡导建立一套适合中国的旅游需求预测方法[85]。任来玲对旅游需求预测方法进行统计、分类和实证检验，总结了不同自变量假设下的适宜方[86]。陶伟基于中西方研究差异的对比分析，讨论旅游需求预测的难点、全球及中国旅游需求预测的各种问题，明确提出中国旅游需求影响因素的分类方法与旅游需求预测的未来指向[87]。孙根年、张郴分别运用 Cobb-Douglas 生产函数与对数直线模型、神经网络方法对中国城乡居民国内旅游需求、中国入境旅游需求进行预测[88,89]。还有更多的学者结合不同学科的方法与模型，对旅游需求预测的方法进行深入探究，李君轶[90]、李志龙[91]、贾鹏[92]、章杰宽[93]分别基于 Web 数据挖掘、支持向量机、BP 神经网络、动态粒子群算法优化灰色神经网络等方法对旅游需求进行预测。

1.2.2.2 旅游供给

我国最早从旅游供给角度研究旅游业发展问题的是张广瑞，1988 年在旅游营销的研究中提出将旅游活动分为旅游供给和旅游需求两个系统，深入讨论如何将旅游供给各部门组合，才能使旅游者在数量、质量和时间、空间上获得最大满足[94]。此后学者们就旅游供给展开广泛而深入的探讨，研究结果层出不穷。较多学者研究了旅游供应链理论与应用和旅游公共服务供给的研究，取得了较为集中的研究成果，成为近些年来我国旅游供给研究的主流。

A 旅游供应链的研究

我国学者在 21 世纪初开始介入旅游供应链的研究，李万立概括了旅游供应链含义，分析旅游供应链的“委托—代理”关系，开创我国学者对旅游供应链的研究[95]。路科提出构建以旅游景区景点为核心的旅游业供应链新模式[96]。李万立进一步对旅游供应链模式、旅行社在供应链中的定位等问题作初步探讨[97]。徐虹从旅游目的地角度出发，提出旅游供应链概念，并在旅游目的地供应链构成主体进行分析的基础上，提出旅游目的地供应链概念模型[98]。石园等构建旅游供应链合作预测模型，这是对旅游供应链研究的一个突破性创新[99]。郑四渭等开创性地将旅游供应链与现代技术相结合，提出以信息拉动为特征的在线旅游供应链理念，构建虚拟集群式旅游供应链的理论框架[100]。

B 旅游公共服务供给研究

旅游公共服务供给是我国旅游供给研究中的一个重要课题。李爽全面系统地界定旅游公共服务的内涵、概念、模型，并以厦门为例首次将 IPA 诊断法运用到旅游公共服务供给的绩效评价中，具有很大的借鉴意义[101]。李爽从公共经济学和公共管理学角度，探讨政府、市场、社会共同参与的旅游公共服务供给模式，保证旅游公共服务供给的有效性[102]。叶全良探讨旅游公共服务供给制度变迁存在的路径依赖，以及对旅游公共服务有效供给的挑战[103]。徐菊凤等提出 5 个 W 和 1 个 H 的旅游公共服务体系[104]。文斌等对欠发达地区旅游公共服务供给演化阶段特征、影响要素及驱动机制进行探讨[105]。王莹等以多中心理论探索不同产业链视角下旅游公共服务供给的可能性[106]。

C 旅游供给的研究尺度

旅游供给的研究尺度包括宏观尺度和微观尺度。其中，以宏观尺度——全国作为研究视角的较少，仅有个别学者从事这种角度的研究[107]。而多数学者以省、市、县和旅游景区景点作为研究对象进行实证研究。余洁对山东省旅游市场供给环境进行综合评价[108]。张祖群以省（区）为单元对我国西部 12 个省区的旅游资源丰度与区位度组合进行研究[109]。孙琨等通过测算大香格里拉地区各州

（市）的旅游供给指数和旅游需求指数进行比较分析[110]。薛华菊、詹新惠都对北京市入境旅游需求与供给进行实证[111,112]。高爱颖以莒县为例对县域旅游供给结构进行研究，首次提出了县域旅游供给发展三阶段理论[113]。

D 旅游供给的其他研究

保继刚等强调了旅游供给层次和旅游城市等级的匹配性，创造性地提出层次与等级之间的重要性，比较苏州、桂林和黄山等不同城市之间的区别。此种方法比较适用于城市旅游供给的比较研究，具有良好的延展性[114]。陈青松等利用物理学中的模糊物元法对北京、西安等六大城市旅游供给水平进行测评，将目的地城市旅游供给要素分为核心、辅助和瓶颈等三个要素层次，形成了目的地城市供给评价的3883结构，其研究方法与研究视角较为具有可操作性和科学性，这是对我国城市旅游供给结构研究的一个新突破[115]。此外，学者刘晓霞等以旅游饭店为例对旅游供给内部结构进行研究[116]。学者张辉、锁秀、刘峰从旅游供给促进旅游经济增长方面进行研究[117~119]。

1.2.2.3 旅游供需关系的研究

20世纪80年代学者们开始关注旅游需求和旅游供给的关系研究，牛亚菲从理论上阐述、从模型上构建了旅游需求和旅游供给的地域分布规律和空间联系特征，首次提出了旅游需求和供给的空间模式及二者之间的动态平衡关系[120]，开创了我国学者对旅游供需关系研究的先河。进入21世纪后，大量学者对旅游供需关系进行了理论探索和实证分析，涌现出诸多具有代表性的理论与成果，对旅游经济、旅游业的研究发挥起到至关重要的作用。

旅游供需关系的研究主要表现在对旅游供需的均衡性、矛盾性的探索方面。厉新建对旅游需求和供给进行系统论述，对两个系统进行层次分解，并进一步阐述了旅游供需的非均衡性[121]。戴斌论述旅游需求与旅游供给的一般特性，提出旅游需求的时间刚性约束与旅游供给的资源刚性约束，并给出旅游需求与旅游供给的数学模型[122]。李丰生等对现代旅游供求及其均衡问题进行深入分析[123]。魏遐指出旅游需求与旅游供给存在不平衡性和矛盾性的原因，一方面是旅游供求自身存在的诸多问题，另一方面是旅游供给的季节性与集中性导致的旅游需求有效化程度不高[124]。这些研究为我国旅游供需的理论探索奠定了深厚的基础。此外，还有学者吴俊梅对我国旅游饭店业供给的不均衡状况进行深入分析，指出旅游饭店业经营业绩呈现下降趋势，其主要原因在于饭店供给与需求的非均衡[125]。徐虹以供需环境变化的背景下如何提高旅游目的地服务质量满意度为视角，探讨旅游目的地供应链的内涵及其变化[126]。

1.2.2.4 旅游供需耦合研究

A 旅游供给耦合的研究内容

旅游需求和供给之间存在着不均衡性和矛盾性，为破解旅游目的地旅游供需不均衡问题，众多学者借助物理学中的耦合理论对旅游目的地旅游需求和旅游供给进行研究，耦合协调模型较客观反映出两个系统之间的协调关系、相互作用与影响程度的大小，适用于旅游供需关系的研究。研究成果已占据旅游供需关系研究的半壁江山，主要集中在两个方面：一是以入境旅游流为代表的旅游需求和目的地旅游供给之间的耦合；二是以入境旅游流为代表的旅游需求与目的地旅游供给的某一个子系统，例如经济、文化、环境、景区、饭店业之间的耦合研究等。

董亚娟以经济学供需为视角，通过构建入境旅游流驱动和城市目的地响应系统模型，对旅游需求和旅游供给两个系统的耦合协调关系做深入系统分析，在当前国内旅游供需关系研究中较为系统、深入，其对于旅游供需空间结构、旅游产业结构优化、旅游产品和服务升级等方面具有一定的理论借鉴和实践指导意义[127]。张春晖构建以入境旅游流为旅游需求和以省域旅游目的地为供给的两个系统耦合的指标体系，对2000年、2005年和2010年中国西部12省、旅游需求和旅游供给系统耦合协调度及时空分异特征进行了定量分析[128]。高佩佩等应用耦合模型对中国旅游饭店的供给和需求两个系统的耦合协调程度进行了实证研究，发现中国旅游饭店供需系统的耦合协调度较为良好，供给系统的有序度高于需求系统的有序度[129]。李森运用耦合协调模型和变异系数进行结合，对我国六大城市入境旅游流和城市三维度供给系统进行耦合分析[130]。马耀峰基于供需视角对国内外旅游供需耦合研究现状进行梳理与审视，从研究内容、研究方法、研究视角等方面对比国内外旅游供需耦合相关研究的共性与差异性，提出进一步深化旅游耦合的概念、内涵和外延，并主张旅游供需耦合研究中要融合系统论、自组织理论等相关理论以此来拓展研究的宽度与深度，对相关研究具有极高的借鉴意义，推动了我国旅游供需相关研究的向前发展[131]。

此外，学者刘宏盈[132]、高楠[133]、杨敏[134]、方世巧[135]、詹新惠[136]、王兆峰[137]、董亚娟[138]、吴冰[139]、王永明[140]分别研究了入境旅游流与旅游经济、出口贸易、网络信息、旅游景区、区域经济、航空运输、城市环境、旅游饭店业、交通运输业之间的耦合关系。冯娜等又创造性地以美国和加拿大来华游客入境旅游流为例，研究了外向在线旅游信息流与入境旅游流的耦合[141]。裴博等基于供需视角构建入境旅游流和星级饭店系统耦合模型和评价指标体系，并进一步探讨影响旅游供给的一般因素[142]。

B 旅游供需耦合的研究方法

纵观国内的相关研究，耦合协调模型已经成为研究旅游供需关系的一种主要研究方法。耦合协调模型在操作上可以将较为复杂的系统数据分为若干层次，较为清晰明确，并且可操作性强。但是，由于旅游业的复杂性和综合性，有关旅游者需求和旅游供给方面的数据难以明确，而且受制于国内对旅游数据统计口径不一致、数据不连续性等问题的影响，耦合协调模型的难度有所增加。因此，有很多学者在旅游供需耦合研究中尝试将其他方法与耦合协调模型相融合，从而来提高研究的科学性和合理性。

张春晖等采用线性加权法和耦合协调模型相结合，对旅游需求和供给系统耦合协调度及时空分异特征进行定量分析[128]。陈青松通过因子分析法建立城市旅游耦合协调评价模型，对上海市和西安市旅游供需耦合协调水平进行评价[143]。还有些学者运用计量经济学相关模型对旅游供给效率进行分析，王淑新以面板数据为依据，基于 DEA 方法，以需求和供给均衡视角对中国旅游经济耦合协调发展进行实证研究[144]。王克军采用单因素技术评价法对入境旅游供求协调关系进行分析[145]。韦智超等经过一系列假设验证后给出线性旅游供需格局的空间模型与流域旅游空间的重构模型[146]。詹新惠等运用主成分分析、因子旋转分析，建立多元回归模型进行相应研究[147]。郭建科等基于景点可达性对哈大高铁对东北城市旅游供需市场协调的空间效应进行研究[148]。

1.2.3　国内外研究述评

国外学者对旅游需求、旅游供给及旅游供需关系的研究开始得较早，并积累了丰厚的研究成果，国内对该领域的研究是在国外学者研究足迹基础上不断进行的扩展与补充，尽管研究开展得较晚，但在一些研究领域成果显著。纵观国内外学者的研究不难发现，研究前期，国内外学者都是针对于旅游需求和旅游供给的单项割裂研究，不仅重视旅游需求的概念体系、影响因素、预测方法等理论与实践的研究，同时也重视旅游供给的理论基础、多层次旅游供给的研究，但鲜有学者将二者进行融合研究。长期以来，学者偏重于对旅游需求和旅游供给的分割研究。随着旅游业的发展，学者们逐渐意识到旅游供需均衡问题对目的地旅游业的深刻影响，于是在研究的中后期开始将二者纳入目的地平台进行整合协调。注重旅游供需关系，从旅游供需关系的理论、实证等多角度、多方面地进行探讨。根据对国内外相关学者研究的梳理，构建旅游供需研究体系的理论框架，如图 1-1 所示。通过对国内外旅游供需理论研究的梳理，发现研究中存在的一些问题。

（1）研究主题不断深化，但旅游供需研究的完整范式仍没有构建。旅游供需从研究路径上看，遵循了从理论探讨，到理论指导实证分析，再到实证分析补充理论的研究过程；从研究内容上看，历经了从现象分析，到层次与结构探讨，再到关系模型的构建的一般范式。研究主题从旅游供需一般理论的探讨，到旅游供需的非均衡性到旅游供需关系的耦合协调发展，研究主题不断扩展，但研究的深度略显不足，例如，旅游供需关系的空间特征、旅游供需的结构特征、旅游供需关系产生怎样的效应等问题纷纷得到了重视，学者们开始回答旅游供需的空间

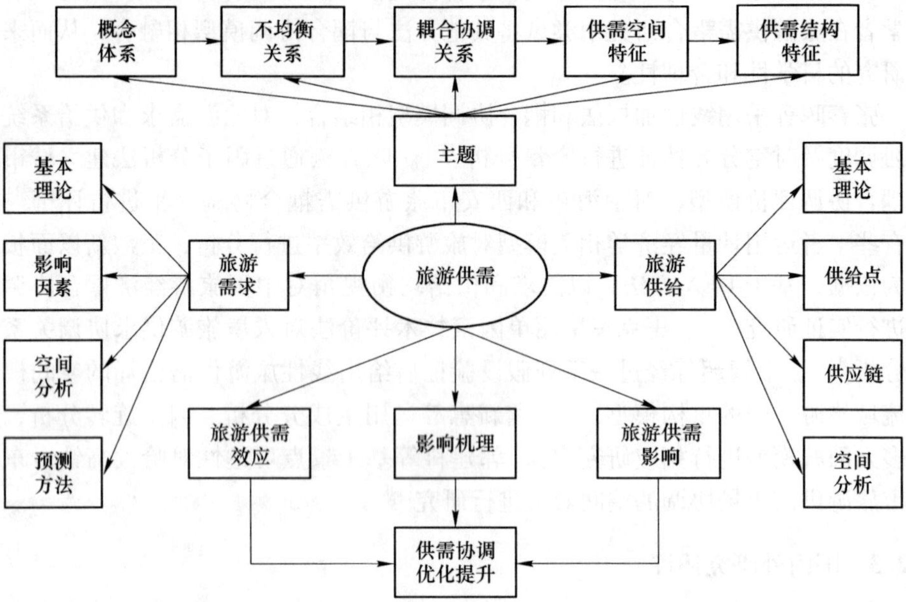

图 1-1　旅游供需研究体系框架图

特征及演变规律、影响机理等相关问题。但是有关旅游供需关系如何构建、旅游供需有哪些空间特征、旅游供需关系的影响机理、旅游供需关系的模式优化等问题仍没有系统完整的研究。旅游供需关系的基础研究需进一步加强，本研究从耦合协调角度出发，对旅游供需关系的相关问题进行深入研究。

（2）研究视角上学科融合不断加强，但空间研究明显不足。从纵向上看，国内外学者对于旅游供需的研究，在初创阶段以经济学、管理学科为基础，使得旅游供需关系的研究在最初阶段有着浓厚的经济学和管理学的烙印。但随着旅游业的发展，旅游学者、旅游地理学者研究范畴不断地扩大和深入，不同专业学者相继跻身于旅游经济、旅游供需的研究中来，如社会学、生态学、人类学、文化学、心理学、景观学等学科理论方法运用于旅游供需的研究中，使得当今旅游供需的研究带有鲜明的渗透性，研究视角逐渐扩大，学科融合逐渐增强。

从横向来看，学者们对旅游供需的空间研究明显不足。空间分析、区域研究、人地关系是人文地理学的三大主题，旅游供需研究与这三大主题关系密切，旅游供需是一个多种因素共同构成的复合系统，研究中需要以区域背景为基础，结合要素之间的相互关系，运用人文地理学的空间分析方法对其总体特征、规律、机理、模式进行研究。借助空间分析工具，可以得到不同于传统方法的一些结论，可以揭示一个事物内部或不同事物之间的相关关系、影响因子以及运行的效率，但旅游供需方面对空间分析的方法引入不足，对旅游供需的空间演变、形成机理分析不足严重制约了其研究的实际意义。

（3）研究方法与技术不断提高，但旅游供需系统研究方法尚未构建。纵观国内外学者对旅游供需研究中所采用的研究方法，以定性方法、定量方法、空间计量方法为主的，包括了 AHP 评价法、耦合协调模型、SEM 模型、DEA 法、结构预测模型等，众多方法深化了旅游供需的研究。但从客观上来看，这些方法可以说是对旅游地理学相关研究方法的一种简单借鉴，甚至有些研究是为量化而量化，其研究较为零散，并没有形成一个较为系统的、专门适用于旅游地理学的方法。实际上，任何定量研究结果一定要在逻辑上没有漏洞，并能够用定性的语言来加以描述和解释，而当前对旅游供需关系问题的模拟不完善，关于旅游供需关系到底采用什么样的方法来构建，旅游供需的影响机理运用什么方法来构建，旅游供需结构产生的效率如何来评价，以及测度出来的指标、模型如何来解释旅游供需关系中的实际现象，这些实际问题至今并没有形成一套完整的研究方法。理论方法将向体系创新及模型构建的纵深方向发展，呈现出多学科理论方法的“修正式”融合态势。

（4）在研究内容上，旅游供需耦合研究的广度与深度仍需加强。一方面，在旅游供需关系的研究上，国内外旅游耦合相关研究成果较多，占据旅游供需关系研究的半壁江山。比较分析此类文献，不难发现，从旅游供给的角度对旅游供需耦合进行的研究星罗棋布，例如，旅游需求与旅游资源、旅游服务、交通、经济、环境等方面的耦合，而从供给和需求结合视角的研究相对较少。真正对旅游需求系统和旅游供给系统的耦合关系的研究凤毛麟角，且国内旅游供需耦合的研究仅集中在几个主要的旅游城市、区域的研究中，研究不够系统，呈现碎片化状态。

另一方面，在研究深度上，当前旅游供需耦合研究，国外较为注重理论研究与实证研究相结合，而国内则更加偏重于实证研究，应用耦合模型、耦合协调模型对不同区域或者不同城市旅游需求和供给的耦合度、耦合等级进行测度与分析。而“旅游耦合”的概念是什么，其内涵和外延到底如何理解？旅游供需耦合的普适概念又如何界定，其内涵和外延如何理解？至今没有形成一个清晰的认识，仅仅是对物理学中耦合理论的套用，并没有从旅游学的角度，将其作为一个理论进行系统研究。同时，旅游耦合既是一种思想论，也是一种方法论。在厘清基本概念的基础上，应该广泛地分析旅游需求系统和旅游供给系统内部各个耦合要素之间的关联性以及贡献率，系统地归纳总结旅游供需耦合的基本原理、研究方法、耦合效应、耦合影响，最终提出耦合协调的调控方向、发展模式等。进而深化对旅游供需耦合的研究深度，使其成为旅游地理学研究中的一个全新命题。研究内容将向抽象理论研究、人地关系研究以及深层机理等方面延伸和发展。

1.3　研究内容与方法

1.3.1　研究内容

本书的研究内容分 8 章来阐述：

第 1 章为绪论。介绍文章的研究背景、研究的理论与现实意义、国内外相关研究综述与述评、研究内容与方法、研究思路与技术路线。

第 2 章为概念界定与相关基本理论。对文章涉及的概念，包括旅游需求、旅游供给、旅游供需、耦合协调等进行明确定义；并阐述与本文研究密切相关的多学科理论，包括供需均衡、区域经济增长、旅游流、旅游地生命周期、可持续旅游发展等理论，为后文研究奠定理论基础。

第 3 章为旅游供需耦合协调的模型与测度方法。构建旅游供需耦合协调的理论体系与实证模型，并引入熵值法、HP 滤波分析法、重心坐标法、标准差椭圆法等多种实测方法，为后文研究提供分析模型和实测技术支撑。

第 4 章分为中国旅游供需耦合协调的时空特征。在数据处理的基础上对旅游需求、旅游供给系统进行综合评价；对旅游供需耦合协调的总体特征、时序特征、空间特征及其演变进行解析，并归纳总结旅游供需耦合协调的变化规律。

第 5 章为中国旅游供需耦合协调的结构特征。对旅游需求和旅游吸引物、旅游交通、旅游服务、旅游环境子系统耦合协调进行分析，解析其发展的特征、演变情况，并挖掘旅游需求和旅游供给子系统耦合协调的发展规律。

第 6 章为中国旅游供需耦合协调的影响机制。构建旅游供需耦合协调影响机制的理论体系，包括内部影响机制和外部影响机制，共涵盖旅游产业结构、旅游资源禀赋、市场潜力、技术变革与创新、经济发展水平、制度因素、文化因素、对外开放程度等 8 个影响因素。运用面板数据变截距固定效应模型，对旅游供需耦合协调度这一解释变量和控制变量之间的关系进行分析，根据模型结果挖掘每个控制变量对旅游供需耦合协调的影响程度，找寻旅游供需耦合协调发展的原因与优化路径的方向。

第 7 章为旅游供需耦合协调的优化提升。根据理论研究、实证分析结果、现实政策确立旅游供需耦合协调发展的优化目标，从旅游供需数量、质量、时空差异、结构方面确立优化路径；最后从旅游产业结构、资源禀赋、经济发展水平、制度因素、文化因素、对外开放等六个方面解析响应对策。

第 8 章为结论与展望。通过对前面章节研究的总结与梳理，提出论文的主要结论、归纳论文的创新点，并对存在的不足与后续研究进行补充说明。

1.3.2 研究方法

1.3.2.1 文献综述法

收集、归纳国内外旅游需求和旅游供给相关研究的概念、指标体系、方法等理论研究与实证研究成果，明确这一领域研究的基本理论、重要概念、方法模型以及相关研究结论，从中汲取相关养料，获得理论启发，奠定本理论研究的深厚基础。

1.3.2.2 定性分析与定量分析相结合

旅游供需系统作为开放、复杂的巨系统，对其研究应该采用定性分析与定量研究的综合集成方法，从而判定其特征与规律。定量分析是本项目研究的重要分析方法，包括指标的测度、系统间关系和系统的特征分析。包括数理统计法、多元分析统计法、综合评价法、空间探索性方法等。定性分析是在定量研究结果基础上进行定性归纳，包括现状的描述、特征的总结、演变的梳理和规律的提取等。

1.3.2.3 综合分析法

以旅游地理学、区域经济学、物理学等学科的相关理论作为支撑，从时空角度对研究对象的特征、结构进行全面系统分析。时间角度的分析包括时间历程、时间演变；空间角度的分析包括空间总体特征、地带性特征、空间演变特征等多角度、综合性、系统性的深入分析。

1.3.2.4 理论分析与实证分析法

本研究借鉴国内外相关研究的前沿理论成果和优秀实践经验，通过理论分析归纳、演绎旅游供需关系、特征、耦合协调机理、旅游供需耦合协调演变特征与规律等相关理论；通过实证分析，对中国旅游供需系统的综合发展情况、旅游供需耦合协调空间特征、结构特征等进行数量统计分析与空间探索分析，并对其影响机理进行面板数据回归分析。同时在理论分析与实证研究基础上，得出旅游供需耦合协调的优化路径，进一步完善该研究的理论价值和实践意义。

1.4 研究思路与技术路线

1.4.1 研究思路

在研究上遵循“理论基础—层次体系—模型构建—特征分析—机理挖掘—优化调整”的研究主线，注重定性与定量分析相结合，理论基础与实证研究相结合，综合运用多学科的基础理论、综合运用数量统计、空间技术、面板数据模型等方法，以中国31个省、自治区、直辖市为对象，致力于旅游供需耦合协调关系的特征、机理、优化路径的研究。

1.4.2 研究技术路线

本研究技术路线如图 1-2 所示。

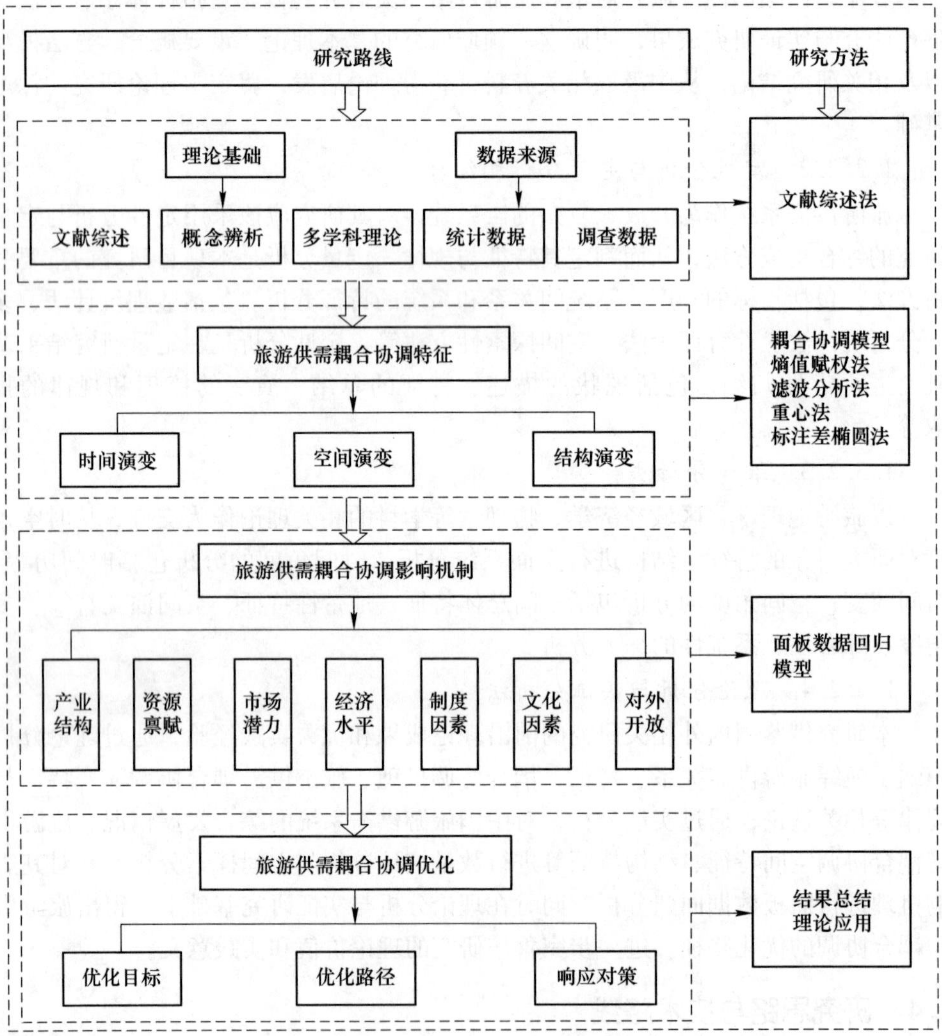

图 1-2 研究技术路线

2 概念界定与相关基本理论

2.1 概念辨析

2.1.1 旅游需求

2.1.1.1 旅游需求概念

需求作为经济学的一个概念，指在一定时期内，在一定价格水平上，消费者愿意并且能够购买的某一商品或服务的数量。旅游需求是具有一定支付能力的人们为了满足旅游活动的欲望，愿意在一定时间和价格条件下所购买的旅游产品数量。伴随旅游活动的日益发展，现代旅游者在注重追求旅游需求数量的同时，对旅游需求的质量、标准提出了新要求。因此，本书认为旅游需求是具有一定支付能力的旅游者，为满足旅游活动的欲望，愿意在一定时间和价格水平下购买的既定质量与标准的旅游产品的数量。旅游需求是一种高层次、多样性、复杂性、综合性的需求。旅游需求产生的基本前提是旅游者具有购买欲望，产生的条件是旅游者的支付能力和闲暇时间保障。旅游需求反映在市场上是一种有效的需求，从这个角度上看，旅游需求分为现实的和潜在的旅游需求，现实的旅游需求是既有购买欲望，又有支付能力的需求，是旅游者在实际购买旅游产品的行动中表现出来的需求；而潜在的旅游需求指只有旅游欲望却没有支付能力，或者仅有支付能力而没有旅游欲望的需求。潜在旅游需求转为现实旅游需求需要跨过客观障碍，例如空间隔障、时间约束、文化距离、身心障碍等。本研究中所述及的旅游需求仅指现实旅游的旅游需求。

2.1.1.2 影响因素

旅游需求客观反映了旅游者的出游欲望和支付能力，是一种复杂的社会经济现象，受到多种复杂因素交互作用。旅游需求可以表示为：

$$D_t = f(P, I, T)$$

式中，D_t 为旅游需求；P 为价格；I 为旅游者的收入水平；T 为旅游者的闲暇时间。

该函数反映旅游需求与价格、收入和闲暇时间的变化关系[149]。而这一模型较为注重旅游者自身因素的影响，忽略了旅游者自身以外的其他诸多因素。如果从经济学、社会学的综合角度对旅游需求影响因素归结，可以分为两类：一类是效用因素，例如布尔模型的偏好因素、戈尔德耐模型的倾向因素；另一类是成本因素，例如收入、价格、时间等因素[150]。由此，旅游需求函数可表示为：

$$D_t = f(U, I, L, A)$$

式中，U 为旅游动机因素；I 为价格、工作、税收等收入因素；L 为旅游停留时间约束；A 为可进入性因素。

即旅游者的旅游需求取决于旅游偏好、收入、闲暇以及目的地可进入性。

旅游需求除了受到上述旅游者自身因素、阻碍因素的影响外，还受到社会经济、政治、环境、自然等多重因素的综合影响。可以把这些影响因素分为旅游自身因素、客源地因素、目的地因素及两者间的关联因素，如图 2-1 所示。

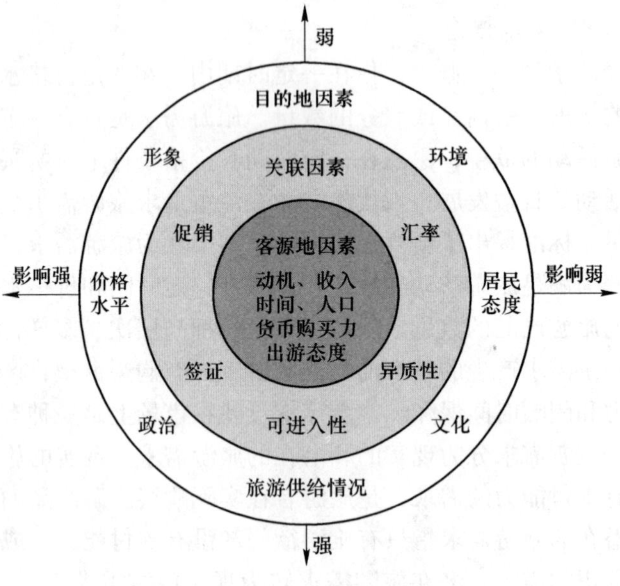

图 2-1　旅游需求影响因素结构图

旅游需求对旅游经济运行来说至关重要，旅游需求是旅游市场形成的基础。没有旅游需求，也就没有旅游市场，目的地旅游产品的价值也无从实现。目的地国家或地区旅游业的发展必须以旅游需求为依据，分析旅游市场变化趋势，预测旅游需求变化趋势，在此基础上进行旅游规划，确定旅游业的发展规模和发展速度，以实现旅游业发展的最佳效益。旅游经营者业应根据对旅游需求的预测来评估其各项经营活动和实现盈利目标的可行性，也是其制定经营计划和策略的出发点。

2.1.2　旅游供给

旅游供给和旅游需求是相互对应的一组概念，旅游供给，即为一定时期内旅游目的地以一定的价格愿意并且能够向旅游市场提供的旅游产品的数量与质量。

旅游供给的目的是为了满足旅游者的旅游需求，但在旅游经济活动中，并非所有为旅游者提供的一切旅游产品和服务都归属于旅游供给。

根据旅游供给与旅游需求的密切程度，将旅游供给分为直接旅游供给和辅助旅游供给。直接旅游供给是为旅游者提供的产品和服务，包括旅游资源、旅游设施、旅游服务等，是旅游供给的核心内容，也是旅游业的基本内容。辅助旅游供给包括当地的公用事业设施和满足现代生活所需要的基本服务设施。旅游供给是一个复杂的经济现象，这一系列旅游供给在运行中又受到多种因素的影响，包括自然资源、环境、人文资源、社会经济、文化、政策、目的地的好客精神等。

同一般产业供给相比，旅游供给的产地消费性、持续性、关联性和多样性等特点，决定了旅游产品供给的计量单位与方式不同于其他产品，不能用各种要素的累加来反映，也无法用综合旅游产品数量的累加来测度，只能用目的地旅游供给的各要素值来表征。

旅游供给是旅游经济研究的一个基础方面，旅游供给必须以旅游需求为前提，对旅游者的需求内容、层次和动向进行调查研究，结合制约旅游供给的条件，制定旅游供给的规划体系，建立起适应旅游活动需要的旅游供给体系，以实现和旅游需求相适应。而旅游供给的有效实现，不仅体现在要满足旅游需求上，同时还反映在旅游供给的数量、质量和结构上。因此，旅游供给对旅游市场的发展、旅游业的发展质量、效率具有至关重要的作用。

2.1.3 耦合协调

2.1.3.1 耦合协调的一般含义

A 耦合

耦合概念最早出现于物理学中，用以衡量两个及其以上系统、要素或运动形式相互作用、彼此影响的现象[151]。这一概念提出后被应用到生态学中，用来指两个及两个以上性质相近的生态系统具有亲和的趋势，当条件成熟时结合成为一个新的、高级的结构功能体[152]。随后被大量学者运用到社会经济的两个及两个以上具有因果关系的系统研究中，两系统通过彼此作用与影响形成一个新系统，达到系统耦合。系统耦合具有两个方面表现：

（1）当两个或两个以上系统或要素进行系统耦合时，若二者演变方向和系统发展方向相悖，会导致系统耦合的不稳定、不完善，成为耦合运行的障碍与阻力，由此系统或要素间会彼此消耗，走向衰退，系统由有序走向无序，此时为负效耦合。但系统相悖的同时也有可能孕育着新的生产潜力和新的发展机遇，是增添系统耦合动力的关键因素。

（2）当两个或两个以上系统或要素进行系统耦合时，若二者演变方向和系统发展方向相一致，系统或要素间相互促进，良性共生，由无序走向有序，此时为正效耦合。系统耦合后，功能与结构发生相应变化，势必引起系统内部诸多潜能的释放，系统耦合生产潜力提高，产生新的结构和功能。这些系统或要素间相互影响、作用的程度、强弱如何，可以采用耦合度这一指标来描述。

B 协调

协调是研究系统或要素之间通过非线性的相互影响、相互作用而达到的协同效应。协同最终使得系统或要素间实现良性关联，和谐共生，由无序走向有序。这一变化过程采用序参量来进行描述。系统在相变点处的内部动力分为快、慢弛豫变量，其中慢弛豫变量是决定系统相变方向与进程的根本变量，即为系统的序参量。而系统由无序走向有序的关键在于系统内部序参量间的相互作用，决定着系统相变的特征与规律[153]。

耦合协调决定了系统处于临界点时走向何种序与结构，或者说是决定了系统由无序走向有序的趋势，正效耦合即为协调。耦合协调度即为度量系统或要素间在发展过程中彼此和谐共生的程度。因此，耦合度反映的是系统间相互作用程度的强弱，包含有利和不利情况，而耦合协调度则反映系统间的相互作用中正效耦合程度的大小，体现了协调状况好的程度。

C 耦合协调系统

当两个及两个以上的系统正向耦合协调时，意味着一个新的耦合协调系统的形成。具体来说，耦合协调系统指的是在条件、参量适当时，相互连通的系统间发生系统耦合，在这个过程中通过系统势能的延伸，使得不同系统实现结构功能的变化升级，在原有基础上形成新的高层次系统，发挥新的功能。它不是原系统能量的叠加增大，而是具有新结构的、较高层次的耦合系统[154]。耦合协调系统运行的主要动力来自于各系统内部的能量、能值，能量及体现能量大小的能是推动系统发展的动力来源，能量使耦合协调系统在多变的环境中具有更高的活性与缓冲力。运行中遵循着耦合裂变定律、动态层级规律、随机涨落定律、非线性协同规律、阈值规律等规律[155]。在能值与运行规律共同作用下，由最初的系统耦合逐渐转变为耦合系统，最终成为一个新系统，即复合系统。

2.1.3.2 旅游供需耦合协调

耦合协调理论为旅游供需关系研究提供了一个思路，用来探索二者之间的动态平衡与有序关系，用来指导两系统之间如何相互作用、相互影响及其程度。从经济学角度看，旅游经济系统包括旅游需求和旅游供给两个平行的、同级别的子系统，二者在旅游经济运行中，通过彼此的能量交换而相互影响、相互作用。因此，旅游需求和旅游供给存在着互动发展关系，是相互影响、相互制约的耦合交互体，彼此通过能量交换而相互作用、相互影响，最终结果是旅游系统由简单到复杂、由低级到高级、由无序到有序进化，旅游系统本身也在耦合协调变化中演变为更高级的系统。

旅游需求和旅游供给两系统内部各要素的发展变化也会引起整个系统耦合协调状态的改变。从旅游需求系统来看，旅游需求通过旅游者的数量、花费、行为特征等旅游流的要素来促进旅游供给系统的发展，旅游吸引物的开发与建设、旅游服务改进、旅游基础设施完善、旅游收入增加，而旅游收入的增多势必会促进区域经济增长，带动就业机会，促进旅游产业结构调整。从旅游供给系统来看，旅游供给的提升会提高区域旅游形象及区域整体形象，产生更大旅游吸引力，进而产生反馈式效应，进一步拉动旅游需求，促进旅游流扩大与旅游消费增长，产生积极影响，实现良性循环。旅游需求和旅游供给系统具有显著的相关性，可以把两系统通过各自要素产生彼此影响的程度定义为旅游需求与旅游供给的耦合协调度，耦合协调度的大小反映了旅游需求和旅游供给系统相互作用的程度。二者在同一时空序列中彼此协调发展，最高形态是共同构成有序、和谐、共生的旅游需求和旅游供给耦合协调系统，如图 2-2 所示。

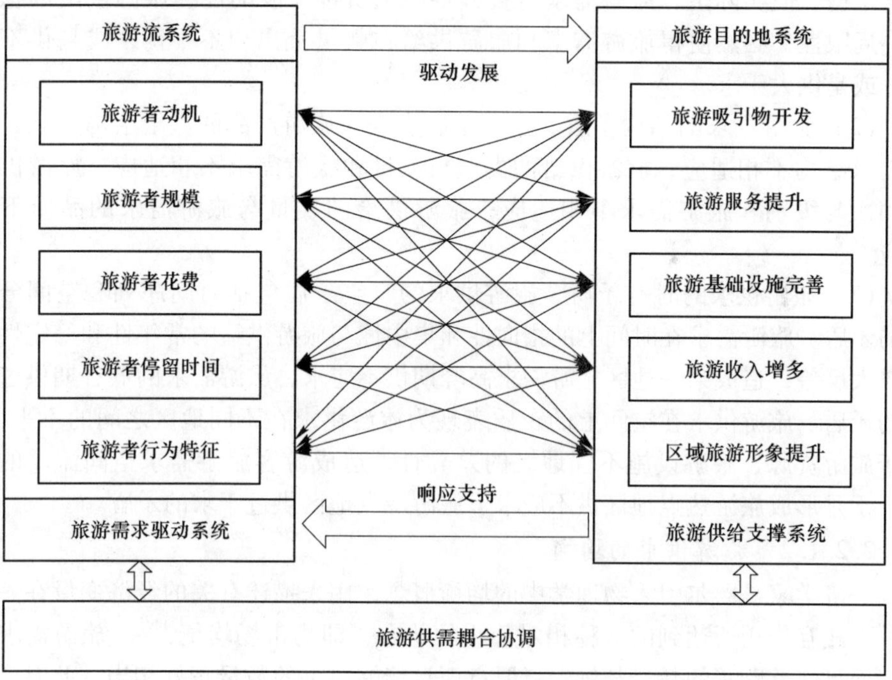

图 2-2　旅游供需耦合协调演变

2.2　相关基本理论

2.2.1　旅游供需均衡理论

旅游需求和旅游供给分别代表旅游市场上的买方与卖方，是旅游经济活动的两个基本环节，二者相互依存与对立，又相互制约与矛盾，其对立统一关系构成了旅游经济活动的基本内容。从二者的相互依存来看，旅游需求和旅游供给以彼此的存在作为自身存在与运行的前提。旅游需求的数量、质量、结构决定了旅游供给的数量、质量和结构，而旅游供给又会不断地引导旅游需求，激发旅游者的动机、引领旅游者的消费趋势。从二者的相互对立来看，旅游供求双方在旅游活动中追求不同的利益和效用从而引发矛盾现象，旅游需求者希望能用最小的花费实现效用最大化，旅游供给者则希望能以较高的价格来实现利益最大化。利益目标的不一致导致旅游供求产生了诸多矛盾。

2.2.1.1　旅游供求矛盾的表现形式

(1) 旅游供求的数量矛盾。这一矛盾表现在旅游供给的能力与接待能力和旅游者总人次数的不匹配。一定时期内，旅游供给的能力与旅游接待能力和旅游需求之间都存在一定的比例关系，这个比例关系在适当的范围内，才能实现旅游供求平衡。但实际上，旅游需求的多样性、随机性、波动性和旅游供给的稳定性、局限性，必然使得旅游需求和旅游供给在数量上出现不平衡，或是供不应求、或是供大于求。

(2) 旅游供求的结构矛盾。这一矛盾表现为旅游产品的供给结构和旅游者的需求结构不相适应；旅游供给的类型与项目和旅游需求不相适应、旅游供给的档次与级别和旅游需求不相适应；旅游供给的质量与旅游需求的品质不相适应。

(3) 旅游供求的时空矛盾。旅游供求的时空矛盾包括时间序列和空间分布上的矛盾。旅游需求在时间上的指向性和集中性与旅游供给的常年性和稳定性形成较大反差，造成某一地区旅游需求高峰期供不应求，旅游需求的低谷期供过于求的矛盾。旅游供求在空间上的矛盾表现为旅游供求在不同地区之间的不平衡。由于旅游资源、旅游设施不同地区的差异性，造成游客旅游需求空间流动的差异，于是形成旅游热点地区供不应求、旅游冷点地区供过于求的矛盾。

2.2.1.2　旅游供求的均衡

经济学家马歇尔引入物理学中的均衡概念，用来描述有关的经济变量在一定条件下相互作用所达到的一种相对静止的状态，即为市场均衡[149]。旅游需求者愿意而且能够购买的数量与供给者愿意而且能够出手的数量正好相当，此时，其交易的数量和价格便是达到均衡所需的均衡数量、均衡价格，在这一点上，旅游需求者获得了最大满足，旅游供给者也获得了最大收益。

实际上，旅游经济运行中充斥着诸多供需矛盾，如果旅游供需之间大体上能够相互适应、相互协调，且矛盾不凸显，则会形成相对的、暂时的旅游供求平衡；如果旅游供需之间根本不能相互适应、相互协调，且矛盾较为凸显，则旅游供求之间处于失衡状态。旅游供给和旅游需求彼此之间要求相互适应，并表现出供求从不平衡到平衡，再到不平衡的循环往复变化。因此，旅游供需不均衡是绝对的、无条件的、静止的，旅游供需均衡是相对的，有条件的、动态的。旅游供给、旅游需求的变化以及二者同时变化会影响均衡价格的变动，在变动的过程中，原有的均衡消失，在新的供求关系中又会出现新的均衡点。而这一相对均衡状态的实现，可以通过一系列手段来进行干预，例如价值规律，价格政策、财政税收策略、旅游营销策略以及旅游发展战略与规划来进行调节。

2.2.2 区域经济增长理论

2.2.2.1 增长极理论

增长极理论由法国经济学家弗朗索瓦·佩鲁于20世纪50年代提出，由认为不同地区、不同空间经济增长速度存在差异，而促进经济增长的最有效手段，是把区域有限的资源集中到主导产业和重点区域的发展中，通过不断投入，资本、技术高度集中，规模效益凸显，进而形成了增长极[156]。一个增长极一旦形成，会聚集周围一切有利生产要素来武装壮大自身，周围区域逐步演化为它的极化区域，当极化作用达到一定程度，且增长极扩展到足够强大时，再通过溢出作用、扩散效应，将生产要素扩散到周围区域，从而带动周围区域的增长。

2.2.2.2 核心边缘理论

核心边缘理论又称为中心外围理论，最初由美国学者弗里德曼于20世纪60年代针对发达国家与不发达国家之间不平衡经济关系问题所提出来的。区域经济发展的初始阶段，存在若干个不同等级中心区域，区域之间要素流动弱，区域联系松散，而技术、产业、创新等多种原因会导致某个区域或几个区域优先发展起来而成为“核心区”，其他地区相对而言则成为“边缘区”。伴随技术、资金、政策的不断流动，中心区域极化发展，核心-边缘格局形成。核心的发展与创新密不可分，通过创新增强自身实力，同时将创新向外围扩散的过程中使自身处于核心地位，边缘地区对其依赖逐渐加强。核心区域的边缘不平等演变会产生两种结果：一是核心区过度强化，核心区与边缘区存在着贸易的不平等性，并且通过剪刀差进一步扩大，核心的发展对外围起到压制作用；二是在核心区集聚与扩散过程中，边缘区较好地利用对核心区的依附作用，不断接受核心区的创新信息，参与创新活动，自身也成为新的核心区或强化原有的低能区，最终形成核心——边缘联动发展[157]。

2.2.2.3 点轴理论

我国著名经济地理学家陆大道，基于中心地理论、增长极理论提出了点轴理论。该理论认为，区域空间结构由点、轴两种要素组成。点即为区域内各级中心地，中心城镇，例如生产与供给枢纽、居民点、商业区；轴为轴线，包括铁路、公路、管道等线状结构，也包括人口带、产业布局带等。若干个点与轴依附一定的空间关系和等级结构组合形成点轴系统。点轴系统内具有一定的等级层次，通常情况下一个点轴系统是由不同等级的点轴子系统组合而成。在点轴系统中，点并不是孤立地发挥作用，而是通过轴线的有效联系，将不同的点联结成为一个整体而带动区域的发展，由于轴线及其附近地区已经具有较强的经济实力且有较大的发展潜力，又可称为发展轴或开发轴，由点－轴发展最终形成点轴聚集区。

2.2.2.4 网络结构理论

在经济发展到一定阶段后，地区范围内形成若干增长极，各类中心城镇的增长极和交通沿线的增长轴的影响力不断扩大，形成资本、信息、技术等生产要素的流动网、交通网、信息网等。网络结构包含的基本要素有节点（中心城镇）、域面（经济区）、通道。通过网络的内部增长和外部延伸，在更大的空间范围内，将更多的生产要素合理配置和优化组合，促进更大区域内经济的发展。

2.2.2.5 区域经济增长理论的应用

区域经济增长理论为旅游供需耦合的研究提供了理论基础与模型支持。旅游需求和旅游供给是旅游经济系统的两个重要组成部分，其耦合协调的研究关系到旅游经济的运行。一方面，区域经济增长理论为研究旅游供需耦合协调的空间特征、空间演变提供了理论基础。旅游供需耦合协调是否也遵循着点－轴－面－网络－增长极的空间演变格局，是否存在着耦合协调的中心区与边缘区、核心区与辐射区，是否遵循着相关的极化－扩散的规律进行演变，这些都为旅游供需耦合协调的空间分析提供了依据与思路。另一方面，区域经济增长理论的相关演变模型为旅游供需耦合协调发展的研究提供了空间发展模型与范式。

2.2.3 旅游流理论

2.2.3.1 旅游流概念

城市社会学家 Castells 提出了流空间（space of flows）概念，为“不必地理邻接即可实现共享视角的社会实践的物质组织”[158]。包括节点、枢纽、廊道等传统基础设施网络，也包括人流、物流、信息流、资金流等。旅游流（tourist flow）隶属流空间研究范畴，是一个具有空间属性的旅游地理学概念，也是构成旅游系统的神经中枢或纽带[159]，是由相互依存的多种要素结合在一起所形成的具有特定功能和规律的有机整体。旅游流的概念包含广义和狭义。广义的旅游流，指旅游者在客源地和目的地之间有方向性的流动，及流动中所产生的信息流、物流、能量流、文化流、技术流等。狭义旅游流仅指旅游客流，当前国内外有关旅游流的研究均针对狭义旅游流进行的。谢彦君认为旅游流指在一个或大或小的区域上由于旅游需求的近似性而引起的旅游者集体性空间移位现象[160]。旅游流是现代大众旅游现象外部化的表征，是现代旅游业发展所依赖的客观前提。因此，文中对于旅游流的相关阐述都是以狭义旅游流为研究中心。

2.2.3.2 旅游流属性

对旅游流的刻画与描述可以从旅游流时间、流向和流量三个维度来进行。(1)从目的地角度看，旅游流的发生时间有着明显的规律性和季节性，从旅游者游览的时间上看，表现为在旅游目的地停留时间的长短，也可以称为流速。这一指标可以考察一日游旅游者、过夜旅游者、国内旅游者的不同游览时间特性，从经济学角度上看，持续时间长短都会极大影响当地社会经济情况。(2)流向是旅游流运动的路线与方向，反映旅游客源地和旅游目的地之间的关系，通常这一关系可以用距离衰减定律和引力模型进行表述。(3)流量是在一定的时间和空间内所形成的规模。持续、均衡、稳定的旅游流对旅游目的地而言无疑具有重要意义。流量的大小，通常构成了旅游目的地的热点、温点和冷点地区。

2.2.3.3 旅游流的空间模式

旅游流的空间模式用来分析旅游者从客源地到目的地流动的特征在空间上所形成的轨迹与映射[161]，是国内外学者的共同关注的核心内容，形成了比较成熟的旅游流空间模式理论。Pearce 的国际和国家尺度的旅游流结构对三个层次国家的旅游流及供给与需求做了区分，同时区别国内旅游和国际旅游。该模型用来揭示不同层次旅游流及其空间结构特征时，效用较为明显。但若对系统中需求和供给要素进行形式的划分，则会失去解释力[162]。

Lundgren 的旅游流空间层次模型强调不同等级点的旅游流的作用。地区之间的旅游流可以看作客源地与目的地之间的相互作用过程，大城市区位特征对旅游流吸引具有明显作用，而目的地旅游吸引物和经济社会状况等供给程度等均对旅游流有一定影响，他提出四种类型的旅游目的地流动模式[163]。这一模式对识别某一特定地点的功能及对旅游流模式的影响大有裨益。相比之下，Pearce 的城市旅游流模式认为旅游流在主要城市间双向运动，尤其强调大城市不仅仅作为客源地，而且作为国际和全国性的旅游目的地发挥着互补作用，进一步分析不同旅游动机所呈现出来的不同的旅游流模式[164]。这一模型更具有描述性，在一定程度上是上述两个模型的补充。

国内学者同样重视旅游流空间模式的研究，保继刚和楚义芳提出多尺度旅游流空间模式理论[165]；吴必虎提出不同层次游憩空间模式与规律[166]；张佑印认为入境旅游流遵循逐级递减集散的发展模式[167]；杨兴柱构建了旅游流驱动机制概念模型[168]。杨兴柱创造性地将旅游流的动力来源分为四个部分，包括客源地旅游需求推动和目的地旅游吸引拉动，以及旅游客源地和目的地之间的阻力和空间结构力，如图 2-3 所示。国内外学者的研究大力推动旅游流空间模式理论的发展与成熟。

2.2.3.4 旅游流理论的应用

旅游流是最能反映大众旅游现象和群体性特征的理论，是旅游学基本理论和

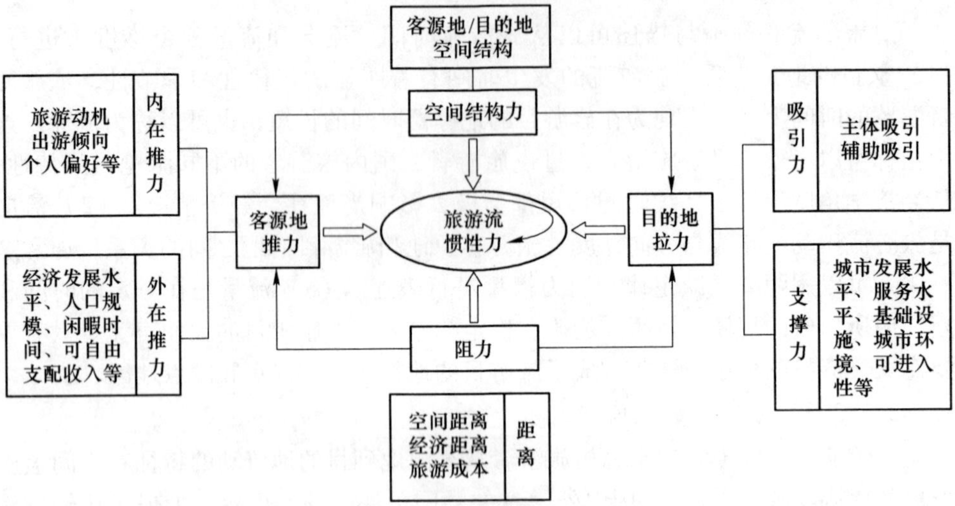

图 2-3　旅游流驱动机制的综合模型[168]

现实旅游市场衔接的关键点。旅游流和旅游供需之间具有密切的关系。一方面，旅游流的研究会促进旅游供需发展，有利于了解旅游者现实的旅游需求结构；有助于认识旅游客源地和目的地二者之间的协调、匹配关系；有助于揭示客源地和目的地二者之间的特征结构和内在规律。而当前学术界大多数研究都是将客源地和目的地两个层次或分裂开来或合二为一进行研究，很少有将旅游流的空间模式和旅游目的地旅游供给结合起来，根据旅游流的空间模型来探讨客源地和目的地二者之间的协调、匹配关系，从而揭示其内在的规律性和特征结构。另一方面，旅游供需关系决定了旅游流的流量和流向，从旅游业发展历程上看，现代旅游业的热点地区、重要旅游目的地和重要客源地都在发达国家，说明由经济能力决定的旅游供给能力和旅游需求能力，是影响旅游流的重要因素。旅游供需关系对旅游流的空间结构也产生影响。需求的指向性和供给的既定性，影响了旅游流的方向和结构。旅游供需在结构上的协调和对应，会促进旅游流的运动。

2.2.4　旅游地生命周期理论

2.2.4.1　理论解释

“生命周期”最早出现在生物学中，描述生物从出现到消亡的演化过程。这一术语提出后被管理学、经济学等用来描述与某事物的演化进程。1963 年，旅游学者克里斯 · 泰勒提出旅游地生命周期的说法。1980 年学者巴特勒正式提出旅游地生命周期理论，并进行系统化阐述。

巴特勒认为旅游地生命周期演化包括 6 个阶段：探索、起步、发展、稳固、停滞、衰退或复兴阶段，如图 2-4 所示[169]。探查阶段是旅游地发展初始阶段，寥寥无几的游客自发旅游，旅游地没有特别的设施，自然、社会环境未因旅游活动而发生改变。起步阶段指随着游客的日益增多，当地居民逐渐开始为旅游者提供设施和服务，迫使地方政府改善或增加旅游设施和交通。发展阶段：大批游客慕名而来，旅游市场初具规模，现代化旅游设施陆续投入，自然、社会面貌发生较大改观。稳固阶段：游客增长速度放缓但人数依然众多，旅游地有了界线分明的娱乐区、商业区，规模巨大的旅游者对当地居民的生活造成影响，居民产生反感和不满。停滞阶段：旅游者数量达到最大，甚至超过旅游地承载力和环节容量，产生环境、生态和社会问题，面临发展阻力。衰退或复兴阶段：在衰退阶段，旅游地的吸引力和旅游者数量均无法和新兴旅游地相竞争。旅游业的相应设施转为他用，原来的旅游地可能沦落为“旅游贫民窟”，甚至完全失去旅游功能。若旅游地主动研发旅游创新，增加吸引力，重启旅游市场，则有可能进入复兴阶段，掀起新一轮的旅游发展热潮。

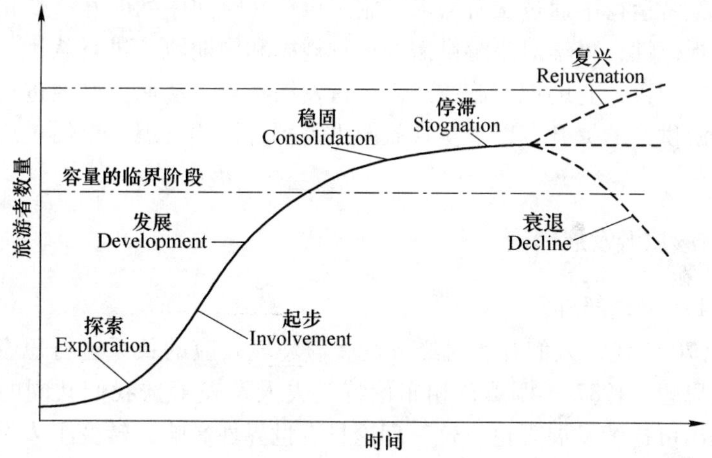

图 2-4 巴特勒旅游地生命周期[169]

随后，诸多学者以此为根基展开理论与实证研究。Hevinen 对美国宾夕法尼亚州的研究，被公认为应用旅游地生命周期进行实证研究的开端[170]。Lagiewski、Haywood 通过对有关文献分析，说明该模型需要注意的关键点和待完善的部分[171,172]。中国学者杨森林、李舟、保继刚等在 20 世纪 90 年代对旅游生命周期理论及与旅游规划的关系进行深层次探讨[173~175]；丁健、陆林等针对不同类型的旅游地生命周期的变异性进行讨论[176,177]。这些研究修正了巴特勒的理论，推动了理论研究和应用发展。但是当前学术界关于旅游地生命周期理论仍然存在一些争议，一是生命周期到底是旅游地所具有的，还是旅游产品所具有的归属问题；二是生命周期的适用条件，不同旅游目的地内部特点与外部环境不同，使得不同类型旅游地、不同类型旅游地生命周期各阶段的时间跨度均有所差异，是否应该差异对待的问题；三是旅游地生命周期的实用性，这一理论模型是否具有可操作性，是否可以对旅游市场营销、战略决策、旅游规划提供相应的预测。这些问题不同学者各抒己见，仁者见仁，智者见智，而旅游地生命周期理论就是在不断的质疑、解答、商榷中丰富、完善起来的。

2.2.4.2 理论应用

旅游地生命周期作为分析旅游地发展、演化、规律的理论与解释性的工具，详尽地描述旅游地各时期发展特征，客观地预示旅游地今后的发展趋势与走向，对旅游目的地制定长远发展规划具有重要的理论和实践意义。旅游地生命周期理论包含了所有有关旅游地的旅游需求、供给和组织、管理等因素。一方面，通过对旅游地旅游需求、旅游供给及供需关系的客观了解，可以判定旅游地发展演变所处的过程阶段，以空间尺度代替时间尺度，找到旅游发展的限制因素，通过人为主动的调整，延长衰退期或进行改革创新，进而延长旅游地的生命周期。另一方面，旅游经济运行中通过旅游需求、旅游供给在时间序列的涨落变化表现出其运行发展的规律性，科学对旅游供需的运行规律和周期轨迹进行认识与划分，剖析其内在影响因素，有助把握旅游经济运行发展特点，从而更好地进行旅游需求的预测、旅游供给的提升，以及实现旅游供需耦合协调发展，以促进旅游经济高效发展。

2.2.5 可持续旅游发展理论

2.2.5.1 理论解释

20 世纪 70 年代，人们开始对经济发展与环境效应的关系进行思索，提出了可持续发展思想。1987 年挪威首相布伦特兰夫人发表了《我们共同的未来》报告，正式提出可持续发展理论。这一理论具有世界性影响，转变了人们对理解环境承载力和经济发展之间的观念。可持续发展模式不仅要求满足当代人的需求，同时强调不对后代人满足其需要的能力构成威胁。强调的是发展，但不能以牺牲环境为代价，需要以环境保护为目标和前提。

可持续旅游发展是伴随着可持续发展思潮孕育出来的。第二次世界大战后，旅游业经过几十年的快速发展，进入空前繁荣阶段，但伴随而来的是因过度开发、过度发展而导致的消极效应频频出现，促使可持续旅游发展理论在全世界范围内兴起。可持续旅游是指旅游业的发展应当实现经济的增长，但又不会破坏未来旅游发展赖以开展的资源基础和接待地区的社会结构[178]。可持续旅游的发展实质是，既保证当代人旅游业的发展，又不损害后代为满足其旅游需求而进行旅游开发的可能性。可持续旅游发展的要求包括：（1）促进旅游区域与代际公平发展；（2）促进旅游目的地生活质量、环节质量、文化环节的改善；（3）增强对环境效应与经济效应关系的理解，强化生态意识与保护环境；（4）为旅游者提供高质量的旅游经历。旅游业的发展既要征得旅游目的地与客源国居民的意愿，同时要考虑目的地是否具有长久的吸引力和满足多类型旅游需求的能力。

2.2.5.2 理论应用

可持续旅游发展作为一种发展哲学，使旅游业在未来世界中更具竞争力。在目前阶段，应该审视旅游发展实践，是否是掠夺式、粗放式、病态膨胀式？是否会过度发展破坏旅游发展赖以存在的环境？是否超过了旅游目的地旅游容量的最高限度？这一些系列问题的回答需要借助旅游客源地的旅游需求和旅游目的地的旅游供给，及旅游供需关系。旅游供需关系和可持续旅游发展之间有着千丝万缕的关系。旅游供需关系的研究最终是为了实现区域旅游业的可持续发展，旅游供需尽管是一项经济指标，但却可以通过相互匹配、协调发展的情况来判断区域旅游发展的合理性与均衡性。因此，旅游供需关系的协调是实现旅游业可持续发展的重要途径之一。

3 旅游供需耦合协调的模型与测度方法

3.1 指标体系构建

3.1.1 旅游供需耦合协调的层次体系

3.1.1.1 旅游需求系统

旅游需求是旅游经济的有机组成部分，包括现实需求和潜在需求。旅游需求具有复杂性、敏感性、易变性，对其数据捕捉的难度较高，尤其是潜在旅游需求部分更加难以衡量。而前文指出，旅游流是旅游需求外部化特征与显性表现，是有效的、现实的旅游需求的描述。因此，文中的旅游需求为现实旅游需求，即实际发生的旅游流。

旅游需求系统是一个复杂的、综合性的系统，系统内部包含的指标种类较多，通常可以分成两类：一类是衡量已有来访旅游需求状态的指标，包括旅游人次、旅游者消费总额、旅游人均消费额、旅游者停留天数、人均停留天数；另一类指标是衡量客源市场旅游需求发展潜力的指标，包括旅游出游率、旅游重游率和旅游开支率等。鉴于旅游需求第二类指标的主观性、多变性、不确定性，数据捕捉的难度性，本书仅研究第一类旅游需求指标。在考虑旅游需求系统的复杂性、内部指标数据的可获取性、科学性等基础上，将旅游需求系统划分为游客规模、旅游收入、旅游停留时间、旅游者行为等四个子系统，四个子系统息息相关、密不可分，共同构成了旅游需求系统。

3.1.1.2 旅游供给系统

旅游供给是一个复杂的巨系统，从理论上来看，包括基本旅游供给和辅助旅游供给，基本旅游供给指直接为旅游者提供的旅游产品和服务，是旅游供给的主要内容。辅助旅游供给指当地的公用事业设施和满足现代生活所需要的基本服务设施，尽管旅游者在旅行期间不可避免地使用这些供给，但其属性仍主要面向当地居民。本书根据旅游供给与旅游需求的密切程度，将旅游供给系统划分为旅游吸引物子系统、旅游交通子系统、旅游服务子系统、旅游环境子系统。四个子系统处于动态变化之中，相互影响、相互制约共同支撑了目的地旅游供给系统。

旅游吸引物子系统指能够对旅游者产生关键吸引力的旅游资源和设施。旅游资源大部分是大自然恩赐，或者是社会历史长期发展的遗留，是一个地区能否进行旅游开发的先决条件和旅游者选择目的地的决定性因素，是旅游供给的首要内容。旅游设施供给是旅游经营者为旅游者提供服务所依托的设施和设备基础，包括旅行社、旅游饭店、旅游纪念品店等，直接代表旅游目的地旅游供给能力。旅游资源和旅游设施的供给能力具有有限性，短时间内很难伴随旅游需求的变化而迅速扩大或缩减。

旅游交通子系统是连接旅游客源地和旅游目的地的通道，是旅游目的地畅通性和可进入性的有效衡量，更是旅游需求和旅游供给发生关系的纽带和桥梁。旅游交通子系统包括大交通和小交通。大交通是指连接客源地和目的地的大尺度交通，包括航空、陆路、水路运输方式等；小交通是目的地市区交通和景区内部交通，包括旅游车、船、景区道路、停车场、索道、游览专用车等交通运输设施。交通是旅游业实现旅游者的空间位移的基本凭借，旅游者在大交通和小交通之中的往来不仅要考虑空间距离，同时还要考虑时间成本和体力消耗量。尽管当前不同目的地之间的时空距离逐渐缩减，但旅游交通子系统对于旅游需求、旅游供给及其关系的影响较为凸显，依然是旅游供给系统中的重要支撑部分。

旅游服务子系统是旅游目的地向旅游者提供劳务的过程，依靠旅游企业员工的脑力和体力支出，借助各种设备、设施、技术、方法来满足旅游者需求的旅游供给。对于旅游服务子系统而言，旅游服务供给的数量可以通过服务人员的数据来进行衡量，而旅游服务供给的质量却难以用数据的形式来衡量。同时，对于游客而言，旅游服务供给的质量不同的人感知度较为不同，因此难以用一个统一的标准进行衡量。旅游服务的供给弹性较大，可以随着旅游需求的变化而做出相应的伸缩反应。

旅游环境子系统是支撑旅游供给的宏观环境，包括自然环境、经济环境和人文环境。旅游环境子系统尽管不是专门用来满足旅游者的需求，但却是旅游者在旅行期间必不可少的部分。自然环境既是城市的生命力和可持续发展力，也是旅游资源构成的重要因素；经济环境决定城市基础设施的完善程度、旅游资源的开发能力、旅游景区的开发规模等；人文环境涉及旅游目的地的历史沿革、文化禀赋、人口状况和社会精神状态等。旅游环境子系统的打造与提升是一个较为缓慢的过程，变化弹性较小，受旅游需求的影响，但不能伴随旅游需求的变化而做出快速、明显的改变与反应。

3.1.2 旅游供需耦合协调的指标体系

旅游需求和旅游供给是旅游经济的两个重要组成系统，二者构成的耦合系统内部按照一定规律运行，是一个具有整体功能和综合行为的集合[179]，系统内部各子系统、各要素的变化都会引起二者耦合关系的改变。耦合协调的指标体系是衡量旅游需求和旅游供给关联程度和模式的基础，对于旅游供需耦合协调发展状态的考量举足轻重。

根据旅游供需耦合协调机理与特征，考虑指标代表性和全面性、科学性和合理性、可获得性和可操作性，利用频度统计法、多指标综合评价法对指标体系进行筛选和定夺。利用频度统计法对相关文献进行收集整理和统计，从中选取了近年来研究者使用频度较高的指标；利用多指标综合评价法对所选高频度指标的内涵与外延进行分析，并兼顾数据的可获取性进行二次筛选对指标进行定夺，通过调整指标体系，最终确定旅游供需耦合协调模型的指标体系。旅游需求系统共选取 10 个基础指标，旅游供给系统共选取 20 个基础指标，见表 3-1。

表 3-1　旅游需求和旅游供给耦合评价指标体系

系统	一级指标	二级指标	单位
旅游需求系统	游客规模 X_1	国内旅游人次 X_{11}	百万人
		入境旅游人次 X_{12}	万人
	旅游收入 X_2	国内旅游收入 X_{21}	亿元
		旅游外汇收入 X_{22}	百万美元
	旅游停留时间 X_3	人天数 X_{31}	天
		平均停留天数 X_{32}	天
	旅游者行为 X_4	人均花费 X_{41}	美元
		食住行消费 X_{42}	%
		游购娱消费 X_{43}	%
		其他消费 X_{44}	%
旅游供给系统	旅游吸引物 Y_1	旅游景区数量 Y_{11}	个
		星级饭店数量 Y_{12}	个
		星级饭店客房数量 Y_{13}	套
		限额餐饮业数量 Y_{14}	个
		旅行社数量 Y_{15}	个
	旅游交通 Y_2	民航客运量 Y_{21}	万人
		铁路客运量 Y_{22}	万人
		公路客运量 Y_{23}	万人
		每万人拥有公共交通量 Y_{24}	台
		出租车数量 Y_{25}	台
	旅游服务 Y_3	星级饭店从业人数 Y_{31}	人
		旅行社从业人数 Y_{32}	人
		旅游景区从业人数 Y_{33}	人
		限额餐饮业从业人数 Y_{34}	人
		旅游院校学生数量 Y_{35}	人

续表 3-1

系统	一级指标	二级指标	单位
旅游供给系统	旅游环境 Y_4	居民人均可自由支配收入 Y_{41}	元
		第三产业占 GDP 比重 Y_{42}	%
		固定资产投资额 Y_{43}	亿元
		人均公园绿地面积 Y_{44}	平方米/人
		艺术场馆、博物馆和图书馆数量 Y_{45}	座

3.2 旅游供需耦合协调模型构建

3.2.1 耦合协调模型

为深入分析旅游供需的耦合协调关系，借鉴了相关文献资料，构建尽可能反映旅游需求和旅游供给两系统整体功效和耦合协调关系的旅游供需评价模型。

3.2.1.1 功效函数

设变量 u_i 为旅游需求和旅游供给系统的序参量，u_{ij} 为第 i 个序参量的第 j 个指标，值为 $x_{ij}(i=1,2;\ j=1,2,\cdots,n)$。$\max(x_{ij})$、$\min(x_{ij})$ 为系统临界点上序参量相应指标的上、下限值。旅游需求和旅游供给对系统有序的功效系数 u_{ij} 可表示为：

$$u_{ij}=\begin{cases} x_{ij}-\min(x_{ij})/\max(x_{ij})-\min(x_{ij}) & u_{ij}\text{为正向指标} \\ \max(x_{ij})-x_{ij}/\max(x_{ij})-\min(x_{ij}) & u_{ij}\text{为负向指标} \end{cases} \tag{3-1}$$

u_{ij} 为变量 x_{ij} 对旅游需求系统和旅游供给系统功效贡献大小，取值范围介于 0 和 1 之间，u_{ij} 越趋近于 0，指标的功效度越小；u_{ij} 越趋近于 1，指标的功效贡献越大，指标达到目标的满意程度越强。

旅游需求和旅游供给是旅游系统内部相互作用、相互影响的两个子系统，子系统内各序参量对该系统的总贡献、总功效，即各指标对系统的贡献程度，可以利用几何平均法和线性加法等集成方法来得到。具体公式为：

$$u_{i=1,2}=\sum_{j=1}^{n}\lambda_{ij}u_{ij},\ \sum_{j=1}^{n}\lambda_{ij}=1 \tag{3-2}$$

式中，u_1、u_2 为旅游需求系统和旅游供给系统第 j 年的综合函数，也可以称为是旅游需求和旅游供给系统 j 年的综合评价参考指数；λ_{ij} 为指标权重。

3.2.1.2 耦合度函数

运用物理学中的耦合概念和耦合公式，得到两个及其以上系统或要素相互作用的耦合度函数，公式为：

$$C_n=n\{(u_1\times u_2\times\cdots\times u_n)/[\prod(u_i+u_j)]\}^{1/n} \tag{3-3}$$

式中，C_n 为 n 个系统的耦合度；$u_1,u_2,\cdots,u_n$ 为 n 个系统的综合评价指数。

由此可以推广出旅旅游需求与旅游供给系统的耦合度模型：

$$C_2 = 2\{(u_1 \times u_2)/[(u_1 + u_2) \times (u_1 + u_2)]\}^{1/2} \tag{3-4}$$

式中，C_2 为两个系统的耦合度；u_1、u_2 分别为旅游需求系统和旅游供给系统的综合评价指数。

耦合度值介于 0 和 1 之间，C 越趋近于 1，耦合度越大，系统或内部要素间为良性关系，系统越趋向有序，为良性耦合；C 越趋近于 0，耦合度越小，系统或要素间处于无关、松散状态，趋向于无序方向转化。

但是，耦合度函数模型的运用需要满足假设前提，并不是无条件适用的。当两系统综合评价指数均较低时，所计算得到的耦合度却很高，因而不能单纯依靠耦合度来判断旅游需求和旅游供给的耦合状况。

3.2.1.3　耦合协调模型

协调是研究系统或要素之间通过非线性的相互影响、相互作用而达到协同效应，最终使得系统或要素间实现良性互动，走向有序化[180]。耦合协调是指度量系统或要素间彼此和谐共生的程度，体现了系统由无序走向有序的趋势。因此，为解决上述弊端，客观反映旅游需求与旅游供给系统协调发展的真正水平，特引入耦合协调度模型：

$$D = (C \cdot T)^{1/2} \tag{3-5}$$

$$T = \alpha U_1 + \beta U_2 \tag{3-6}$$

式中，D 为耦合协调度；T 为旅游需求系统与旅游供给系统的综合评价指数，反映两系统对协调度的贡献程度；U_1、U_2 分别为旅游需求和旅游供给系统的综合评价指数；α、β 分别为旅游需求系统、旅游供给系统的权重。客观来看，在两系统的协同发展中，两系统相互作用、相互促进的程度有所差异，旅游需求的发展一定能促进旅游供给提升，但旅游供给的提升却是多种因素综合作用的结果，旅游需求并不是唯一驱动力。本书认为旅游需求和旅游供给的相互作用程度并不均等，通过对专家的访谈，确定将 α、β 分别赋值为 0.4、0.6。

耦合协调模型综合了旅游需求系统与旅游供给系统的发展协调状况，同时也解决了两系统所处的相对水平问题。耦合协调模型相对于耦合模型来说，适用范围更广，稳定性更强，科学性更好，更加适用于旅游需求和旅游供给耦合协调发展水平的研判。根据这一模型所得到的耦合协调度越高，表明旅游需求与旅游供给系统的发展水平越高，二者之间的耦合关系越好，旅游系统越趋向于好的方向发展，效应更加显著。

3.2.2　耦合协调评价等级标准

旅游需求和旅游系统的综合评价指数 U_1、U_2 进行等级划分，可分为四个等级：$0 \leqslant U < 0.3$ 为低级发展水平；$0.3 \leqslant U < 0.5$ 为初级发展水平；$0.5 \leqslant U < 0.7$

为中级发展水平；$0.7 \leqslant U < 1$ 为高级发展水平。

根据 U_1、U_2，旅游需求和旅游供给系统的发展类型可以划分有三种：当 $U_1 < U_2$ 时，表明旅游供给系统发展超越旅游需求系统，为旅游需求滞后型，或者为旅游供给优先发展型；当 $U_1 = U_2$ 时，两系统的有序发展水平相当，为旅游需求和旅游供给同步发展型；当 $U_1 > U_2$ 时，表明旅游需求系统发展超越旅游供给系统，为旅游供给滞后型，或旅游需求优先发展型。

为更加直观反映旅游需求和旅游供给之间耦合协调发展情况，根据廖重斌的相关研究[181]，采用均匀分布函数法将综合评价指数 U_1、U_2、耦合协调度 D 划分区间并评判等级，以明晰旅游需求和供给系统耦合协调发展的脉络，见表 3-2。

表 3-2 耦合协调等级划分标准

序号	区 间	等 级	发展水平
1	0 ~ 0.09	极度失调	初级阶段
2	0.1 ~ 0.19	严重失调	
3	0.2 ~ 0.29	中度失调	
4	0.3 ~ 0.39	轻度失调	中级阶段
5	0.4 ~ 0.49	濒临失调	
6	0.5 ~ 0.59	勉强协调	
7	0.6 ~ 0.69	初级协调	
8	0.7 ~ 0.79	中级协调	高级阶段
9	0.8 ~ 0.89	良好协调	
10	0.9 ~ 1.00	优质协调	

结合耦合协调等级划分标准，可以将系统耦合协调发展水平分为三个类型：当 $0 \leqslant D < 0.3$ 时，反映旅游需求和旅游供给系统的耦合协调发展处于失调的、无序的低级发展阶段，但是有序发展的势能可能正在孕育之中；当 $0.4 \leqslant D < 0.7$ 时，两系统的耦合协调发展由失调、无序向协调、有序过渡，进入相互磨合与相互适应的中级发展阶段；当 $0.7 \leqslant D < 1$ 时，两系统前期良性正向促进的积累效应已逐渐显现，二者达到了有序和谐共振的良性循环，系统内的序参量协同势能不断优化，系统的结构达到优质状态，并向新的有序结构不断演化。

3.3 旅游供需耦合协调的测度方法

3.3.1 熵值法

在构建旅游供需耦合协调评价模型前，需要确定旅游需求和旅游供给两个系统各个指标的权重。本研究利用修正的熵值赋权法确定旅游供需耦合协调评价指标体系的权重。熵值法是利用信息熵来计算指标值的变异程度对多指标系统进行综合评价的方法，系统内部某项指标值变异程度越大，则指标提供的信息量就越大，其权重就越大，反之亦然。熵值法根据来源数据的原始信息，对各指标之间的关联性和差异性进行分析，进而确定权重，避免了主观因素带来的偏差[182]。

具体计算步骤为：

（1）对评价指标作无量纲化处理。对旅游需求和供给两个系统中共 30 个量纲不同的原始数据指标进行预处理，以消除不同类型、不同单位指标之间的差异。指标的无量纲化处理可以采用极值法、标准化、均值化等方法。考虑到本研究中数据信息量较大，指标较多，故在无量纲化处理中采用极差标准化方法进行。经过无量纲处理后，会出现零值，为避免处理后的数据失去意义，对数值进行平移，A 为平移幅度，将 A 取值为 0. 1，则：

$$x_{ij} = \frac{x_{ij} - \min(x_{ij})}{\max(x_{ij}) - \min(x_{ij})} + A \tag{3-7}$$

（2）对经过标准化处理的指标值做比重变换，计算指标 x_{ij} 的比重 S_{ij}：

$$s_{ij} = \frac{x_{ij}}{\sum_{i=1}^{n} x_{ij}} \tag{3-8}$$

（3）计算第 j 项指标的熵值 r_j：

$$r_j = -\frac{1}{\ln n}\sum_{i=1}^{n} s_{ij}\ln s_{ij} \tag{3-9}$$

（4）第 j 项指标的差异度为：

$$v_j = 1 - r_j \tag{3-10}$$

（5）确定第 j 项指标的权重为：

$$\lambda_{ij} = \frac{v_j}{\sum_{j=1}^{n} v_j} \tag{3-11}$$

经过上述公式的计算，将得到旅游需求和旅游供给系统不同年份、不同指标的权重数据共计 11 组，为最大幅度消除所计算数据的偏差，将 11 组权重数据求出平均值，作为旅游需求和旅游供给系统评价指标的权重值。

3.3.2　HP 滤波分析法

HP 滤波分析法来源于经济周期理论，经济周期是经济学中的一个重要概念，也是衡量现实经济运行水平、发展程度的重要指标。伯恩斯和米切尔在 19 世纪 70 年代提出并界定了这一概念，认为大多经济活动都包括扩张、衰退、收缩和复苏等几个阶段，并且这几个发展阶段会周期性次序反复演变[183]。而这样的经济周期如何获取与捕捉？20 世纪 70 年代，Hodrick 和 Prescott 提出 HP 滤波分析方法，解决了这一难题。该方法以时间序列的波谱分析为原理，用来测度时间序列在状态空间中的演变情况。将时间序列看成是不同频率成分的组合叠加，采用对称的数据移动平均方法，通过近似的高通滤波器分解出频率较高的短期周期性成分和频率较低的长期趋势性成分。

HP 滤波分析方法的前提是认为经济活动的变化是缓慢的，不会随机而动，但也不会一成不变。把经济运行看成长期的、潜在的增长趋势和短期的、显露的波动成分，故分解出趋势性和周期性。该方法较为方便有效，能够捕捉到经济运行的发展趋势和短期扰动因素，获得了广泛的使用和好评，受到了学者们的青睐。

3.3.3 重心坐标法

重心坐标法是空间分析中常用的一种方法，用来表征一个事物整体在二维空间分布的相对位置[184]，用来揭示其分布的特征和方向性。通常可以引入要素空间分布的平均中心或者算数平均中心来可刻画空间属性的集聚特征及偏离轨迹。根据重心坐标及其重心演变的轨迹，来揭示旅游供需耦合协调度在空间上的分布中心，以及不同年份重心位置在空间的演变情况，以捕捉其演变规律。计算公式为：

$$\overline{X_j} = \frac{\sum_{i=1}^{n} P_i X_i}{\sum_{i=1}^{n} P_i}, \overline{Y_j} = \frac{\sum_{i=1}^{n} P_i Y_i}{\sum_{i=1}^{n} P_i} \tag{3-12}$$

式中，X_i，Y_i 分别为第 i 个区域中心位置的经纬度坐标，本书中用几何中心位置来表示；P_i 为该省域旅游供需耦合协调度的分布值；n 为被评价的区域个数；j 为年份。

3.3.4 标准差椭圆法

20 世纪 20 年代，Lefever 对经典统计学中标准差概念的二维空间进行推广，提出了标准差椭圆法。标准差椭圆法的核心原理是用距离来度量空间要素分布的离散程度[185]，被广泛应用到空间统计的相关领域。这一方法已被嵌入到 Arcgis 软件之中，作为分散点集的空间分布特征的分析方法，通过统计模块的统计工具可以实现。计算公式表示为：

$$\tan\theta = \frac{A+B}{C}$$

$$A = \sum_{i=1}^{n} (x_i - \bar{x})^2 - \sum_{i=1}^{n} (y_i - \bar{y})^2$$

$$B = \sqrt{\left[\sum_{i=1}^{n} (x_i - \bar{x})^2 - \sum_{i=1}^{n} (y_i - \bar{y})^2\right]^2 + 4\left[\sum_{i=1}^{n} (x_i - \bar{x})(y_i - \bar{y})\right]^2}$$

$$C = 2\sum_{i=1}^{n}(x_i - \bar{x})(y_i - \bar{y})$$

$$\sigma_x = \sqrt{\frac{\sum_{i=1}^{n}[(x_i - \bar{x})\cos\theta - (y_i - \bar{y})\sin\theta]^2}{n-2}}$$

$$\sigma_y = \sqrt{\frac{\sum_{i=1}^{n}[(x_i - \bar{x})\sin\theta - (y_i - \bar{y})\cos\theta]^2}{n-2}} \tag{3-13}$$

式中，x_i，y_i 为要素 i 的几何中心坐标；$\bar{x}$、$\bar{y}$ 为要素的平均中心；n 为要素总数；σ_x 为标准差椭圆短轴；σ_y 为标准差椭圆长轴。

通过长轴和短轴计算出椭圆面积为：

$$S = \frac{\pi\sigma_x\sigma_y}{4} \tag{3-14}$$

上述公式对转角、长短轴、面积的计算可通过 Arcgis 中的数据统计模块来实现。

应用标准差椭圆法能够从多重角度反映要素空间分布的整体性特征[186]。标准差椭圆中心反映了旅游供需耦合要素空间分布整体在二维空间上的相对位置，也可以看做是空间分布的平均中心。转角反映其在二维空间上展布的主趋势方向，以角度的形式展现，即为从标准差椭圆的顶点开始顺时针进行测量的长轴的旋转角度[187]。长轴为所测量指标在空间主要分布方向上偏离的程度，短轴为在次要方向上偏离的程度。长短轴的比值用来反映要素空间分布的形态。标准差面积反映了在二维空间上展布的点的紧凑度或分散度。标准差椭圆的一系列指标为描述旅游供需耦合协调度提供了参考。

3.4　数据来源与处理

3.4.1　研究对象范畴

本研究以中国大陆地区 31 个省、自治区、直辖市 2004 ~ 2014 年的面板数据为研究范畴，鉴于数据资料收集与统计口径的不一致性，本研究暂不包含港、澳、台地区。本研究若能将尺度精确到地级市层面，会能反映出更全面信息，但限于系统数据的可获得性，仅覆盖到省域层面。

基于研究的需要，对研究对象进行细分，将中国省域空间划分为东、中、西三部分，东部地区包括辽宁、河北、北京、天津、山东、江苏、上海、浙江、福建、广东和海南 11 个省（市），中部地区包括黑龙江、吉林、山西、河南、安徽、江西、湖北、湖南 8 个省，西部地区包括内蒙古、四川、重庆、贵州、云南、西藏、陕西、甘肃、青海、宁夏、新疆、广西 12 个省、自治区[188]。

3.4.2 数据来源

数据包括三种类型：直接数据、间接数据和补充数据。

直接数据来源于《中国统计年鉴》(2005～2015 年)、《中国旅游统计年鉴》(2005～2015 年）及副本，中华人民共和国国家统计局官网（http：//data. stats. gov. cn/)、中华人民共和国文化和旅游部官网（http：//www. cnta. gov. cn/zwgk/lysj/)、各省市国民经济与社会发展统计公报（http：//www. tjcn. org/tjgb/)。本书大部分数据为直接数据，具体包括国内旅游人次、入境旅游人次、国内旅游收入、旅游外汇收入、平均停留天数、人均花费、旅游景区数量、星级饭店数量与客房数量、限额餐饮业数量、旅行社数量、公厕数量、民航客运量、铁路客运量、公路客运量、人均城市道路面积、每万人拥有公共交通量、出租车数量、星级饭店从业人数、旅行社从业人数、交通运输从业人数、旅游景区从业人数、限额餐饮业从业人数、旅游院校学生数量、城镇居民人均可自由支配收入、第三产业占 GDP 比重、固定资产投资额、人均公园绿地面积。

书中间接数据包括交通消费比重、游览和数量娱乐消费比重、住宿和餐饮消费比重、购物和其他消费比重、艺术场馆数量、博物馆数量和图书馆数量等，间接数据通过直接数据计算加工而得。

补充数据为个别年份个别省市某一项数据缺失，利用其他年份数据以插值法和趋势外推法进行补充。

4 中国旅游供需耦合协调的时空特征

旅游供需耦合协调的发展有其独有的特征。这一特征可以从纵向层面和横向层面来进行分析，纵向层面分析的是旅游供需耦合协调的外部表象化特征，而横向层面探讨的是旅游供需耦合协调的内部化结构特征。本章着重探讨其纵向的外部表象化特征，剖析旅游需求、旅游供给、旅游供需耦合协调发展情况与时空演变规律。旅游需求、旅游供给系统的度量用来反映两系统的发展水平；利用回归分析有助于认清旅游需求、旅游供给两系统之间的相互关系；借助滞后性分析有助于找到旅游需求、旅游供给两系统之间的差异。旅游供需耦合协调度这一核心问题的探讨可以揭示两系统发展的匹配、和谐、有序程度；旅游供需耦合协调的时序分析有助于判断其发展趋势性和周期波动性；旅游供需耦合协调的空间分析有助于反映发展的空间差异与演变规律。通过以上纵深方向探讨，深化对旅游需求、旅游供给和旅游供需耦合协调的理论认识和实践研究，借助一系列分析方法，对其关系进行深入解读。

4.1 旅游需求和旅游供给系统综合评价

旅游需求和旅游供给是表征旅游经济活动特点、反映旅游经济运行状态的两大主要方面。由游客规模、旅游收入、旅游停留时间、旅游者行为 4 个子系统中的 10 个指标计算得到的综合评价指数，来反映一个地区旅游需求的发展状况；而由旅游吸引物、旅游交通、旅游服务、旅游环境 4 个子系统中的 20 个指标计算得到的旅游供给系统综合评价指数用来反映一个地区旅游供给的发展情况。

4.1.1 数据处理

首先，根据式（3-7）、式（3-8）对原始数据进行标准化处理。旅游需求和供给两系统共涵盖 30 个原始指标，为消除指标量纲、数据级别的影响，把指标原始数据转化为可以用来综合分析的标准化数据，由于旅游需求和旅游供给均为正向数据，在标准化处理中需要除去数据逆向化状态。

其次，利用熵值赋权法计算指标的权重。由于在旅游系统中，旅游需求和旅游供给是相互影响又相互独立的子系统，将旅游需求和旅游供给系统分别计算权重。旅游需求和旅游供给两大系统的权重计算方法相同，因此不做分别介绍。对经过标准化处理后的数据根据式（3-8）~式(3-11）计算得到 2004 ~2014 年第 i

项指标的权重 w。

最后，对指标权重进行统一处理。为消除不同年份指标权重的差异化，以及受特殊年份、特殊事件影响导致的波动，求得 11 年权重的平均值，作为指标的最终权重值，见表 4-1。

表 4-1 旅游需求和旅游供给系统的指标权重

系统	一级指标	权重	二级指标	权重
旅游需求系统	游客规模 X_1	0.2774	国内旅游人次 X_{11}	0.1163
			入境旅游人次 X_{12}	0.1611
	旅游收入 X_2	0.2305	国内旅游收入 X_{21}	0.0964
			旅游外汇收入 X_{22}	0.1341
	旅游停留时间 X_3	0.2370	人天数 X_{31}	0.1512
			平均停留天数 X_{32}	0.0858
	旅游者行为 X_4	0.2551	人均花费 X_{41}	0.0864
			食住行消费 X_{42}	0.0368
			游购娱消费 X_{43}	0.0720
			其他消费 X_{44}	0.0599
旅游供给系统	旅游吸引物 Y_1	0.2540	旅游景区数量 Y_{11}	0.0489
			星级饭店数量 Y_{12}	0.0436
			星级饭店客房数量 Y_{13}	0.0484
			限额餐饮业数量 Y_{14}	0.0699
			旅行社数量 Y_{15}	0.0432
	旅游交通 Y_2	0.2555	民航客运量 Y_{21}	0.0699
			铁路客运量 Y_{22}	0.0427
			公路客运量 Y_{23}	0.0560
			每万人拥有公共交通量 Y_{24}	0.0439
			出租车数量 Y_{25}	0.0430
	旅游服务 Y_3	0.2782	星级饭店从业人数 Y_{31}	0.0503
			旅行社从业人数 Y_{32}	0.0511
			旅游景区从业人数 Y_{33}	0.0566
			限额餐饮业从业人数 Y_{34}	0.0670
			旅游院校学生数量 Y_{35}	0.0532
	旅游环境 Y_4	0.2123	居民人均可自由支配收入 Y_{41}	0.0689
			第三产业占 GDP 比重 Y_{42}	0.0365
			固定资产投资额 Y_{43}	0.0462
			人均公园绿地面积 Y_{44}	0.0247
			艺术场馆、博物馆和图书馆数量 Y_{45}	0.0360

4.1.2　旅游需求系统综合评价

4.1.2.1　旅游需求系统总体特征

A　发展趋势

基于2004～2014年旅游需求系统各指标加权处理后的数据，利用功效函数（式（3-2）），对我国31个省、自治区、直辖市（下文简称为省域）各年度旅游需求系统的综合发展指数 u_1 进行测算，u_1 描述性统计特征见表4-2。2004～2014年旅游需求系统综合评价指数的最大值、最小值、总和、中位数、平均值总体上呈波动式变化，在变化中有所涨落。

表4-2　中国旅游需求系统综合评价指数

年份	最大值	最小值	总和	中位数	平均值	标准差
2004	0.8052	0.1806	11.0946	0.3035	0.3579	0.1583
2005	0.7908	0.1721	11.1001	0.3045	0.3581	0.1529
2006	0.7767	0.1646	11.0065	0.3092	0.3550	0.1482
2007	0.7659	0.1748	10.8772	0.3024	0.3509	0.1470
2008	0.8173	0.1717	10.6308	0.2834	0.3429	0.1508
2009	0.8293	0.1763	11.0244	0.3103	0.3556	0.1468
2010	0.8181	0.1554	11.1573	0.3148	0.3599	0.1483
2011	0.7665	0.1886	10.5882	0.3028	0.3416	0.1270
2012	0.8431	0.1683	11.5615	0.3503	0.3730	0.1391
2013	0.8349	0.1698	10.8816	0.3257	0.3510	0.1348
2014	0.8637	0.1781	11.8032	0.3528	0.3807	0.1353

结合表4-1、图4-1可知，2004～2014年旅游需求系统综合评价指数平均值呈有规律的波动变化。2008年和2011年是旅游需求系统综合评价指数出现变化的重要节点年份，以这两年为界线将历时变化分为三阶段。第一阶段为2004～2008年，先升后降的波动阶段。受2003年“非典”及持续影响，2004年旅游需求系统综合评价指数持续走低，2005～2006年逐渐反弹。同期国内旅游收入、国内旅游人次、入境旅游者人次增长均超过15%，达到最大幅度的增长，如图4-2所示。但2007年 u_1 小幅下降，2008年受制于金融危机、北京奥运会和汶川地震多重事件的综合影响，入境旅游者人次数明显下降，国内旅游者人次数、国内外旅游收入等指标均增长缓慢，致使旅游需求系统综合评价指数下降至历史最低点0.2800，旅游需求系统发展进入瓶颈期。第二阶段为2009～2011年，缓慢增长阶段。2008年一系列风波影响后旅游需求系统综合评价指数迅速上升，2010年达到峰值0.3429。国内旅游收入爆发式增长，增幅达到历史最高水平

37.55%，旅游外汇收入、国内旅游者人次、入境旅游者人次增幅分别为22.56%、15.29%、20.15%，旅游需求系统发展态势较好。但2011年旅游外汇收入、入境旅游者人次数增长均有所放缓。第三阶段为2012～2014年，迅速增长阶段。u_1由2012年的0.3730增长到2014年的0.3807，实现旅游需求系统稳定增长。值得关注的是，这一阶段国内旅游收入和旅游者人数持续上升，而入境旅游者人次数和旅游外汇收入增速明显放缓，说明我国对入境旅游者的吸引力减弱，入境旅游者来华旅游欲望不强，甚至出现过而不停留，留而不消费的现象。

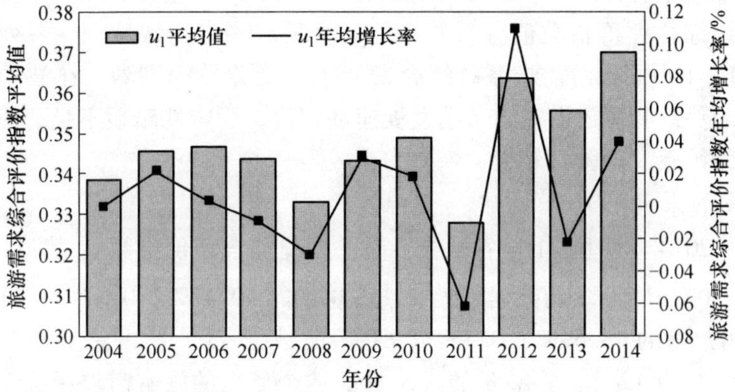

图4-1 旅游需求系统综合评价指数演变

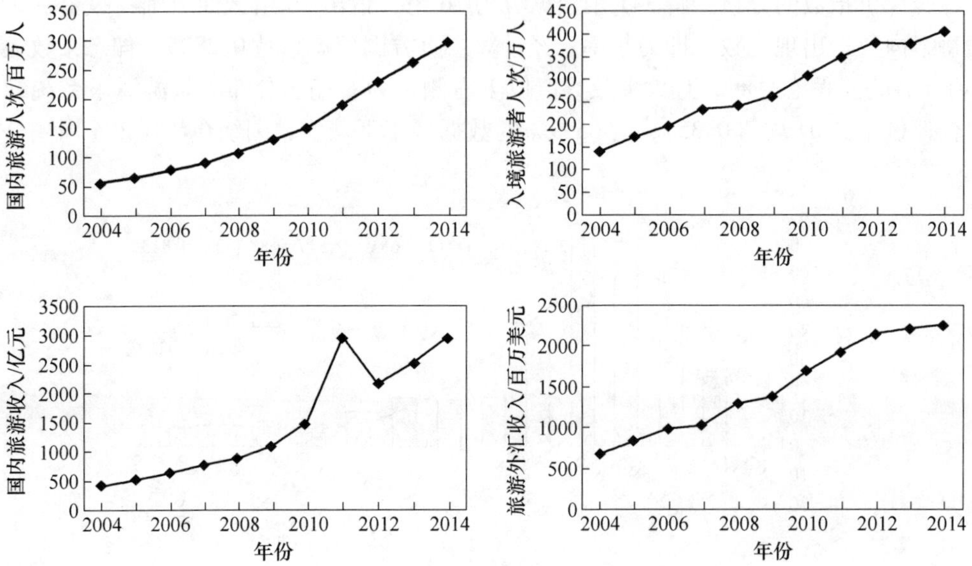

图4-2 中国旅游收入发展演变

2004～2014 年旅游需求系统综合评价指数的最大值、最小值、中位数呈波动式变化。最大值由 2004 年的 0.8052 下降至 2007 年的谷底 0.7659，又逐渐增长到 2014 年的 0.8637，中位数由 2004 年的 0.3035 上升至 2014 年的 0.3528。最小值却表现出相反变化，2004 年为 0.1806，2014 年降至 0.1781。进一步比较最大值、最小值之差，差值由 2004 年的 0.6246，扩大到 2014 年的 0.6856。旅游需求系统综合评价指数最大值逐渐增大、最小值逐渐减小，极差逐渐扩大，说明我国旅游需求系统存在明显的两极化特征，且两极差距有逐渐拉大趋势，两极存在着尚不可逾越的鸿沟。

从标准差来看，2004～2014 年标准差一直在 0.15 左右，说明各省域之间旅游需求系统综合评价指数值分布并不均匀，具有一定离散性。一系列变化说明 2004～2014 年中国旅游需求系统综合发展水平变化较为剧烈，在波动中呈现出明显上升趋势。我国旅游需求系统发展速度较快，稳定性略显不足，对各类事件的影响较为敏感，但弹性较大，恢复力也较强。

B　发展水平

2004～2014 年中国 31 个省域旅游需求系统综合评价指数 u_1 数值，总计 341 个。其中，$0 \leqslant u_1 < 0.3$ 的数据 137 个，占总量的 40.17%；$0.3 \leqslant u_1 < 0.5$ 的数据 149 个，占总量的 43.69%；$0.5 \leqslant u_1 < 0.7$ 的数据 43 个，占总量的 12.6%；而 $0.7 \leqslant u_1 < 1$ 仅有 12 个，占总量的 3.52%。四个档次的旅游需求系统综合评价指数差异较大，具有明显的极化现象。为进一步说明旅游需求系统发展水平，建立旅游需求系统综合评价指数直方图，如图 4-3 所示。图中横坐标为旅游需求系统综合评价指数的分组，将 341 个数据分为 16 组，得出 16 组区间范围；纵坐标为每组内数据出现次数，即为频率。经计算，直方图偏态系数 0.2825，偏态系数大于 0，为正偏态分布，且大多数数值位于右侧，为右偏态分布。旅游需求系统综合评价指数 u_1 均值 0.357，有 65.9% 的数据低于平均值，围绕众数 0.304 周围分

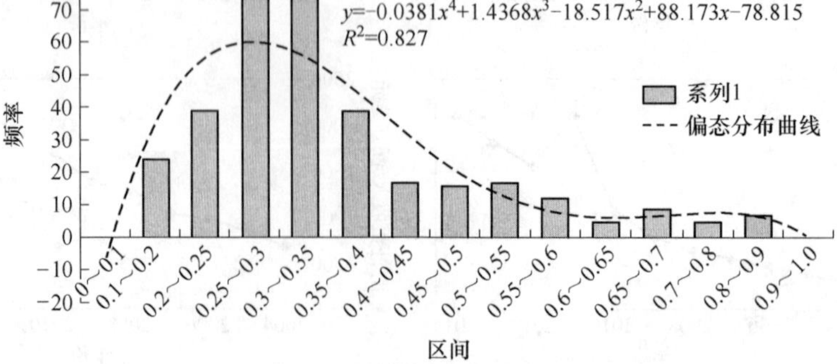

图 4-3　旅游需求系统综合评价指数直方图

布，而众数又低于平均值。因此，中国旅游需求系统综合评价指数偏低，旅游需求系统发展水平有待进一步提升。

4.1.2.2 旅游需求系统地带性特征

从中国三大地带来看，2004～2014 年东部、中部、西部地区旅游需求系统综合评价指数呈现出不同的发展趋势，如图 4-4 所示。

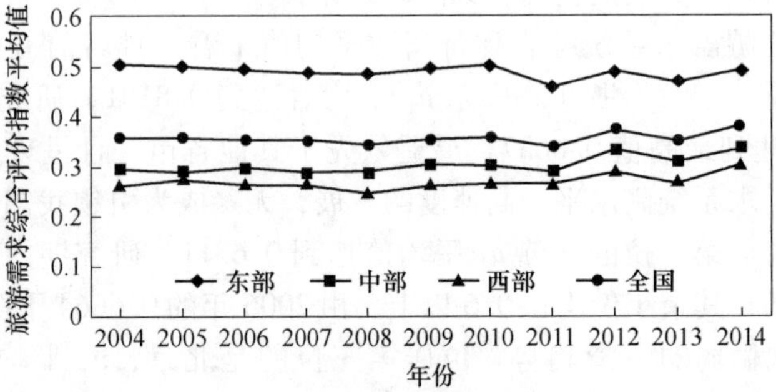

图 4-4 中国三大地区旅游需求系统综合评价指数变化趋势

东部地区，2004～2014 年旅游需求系统综合发展指数处于领跑地位，明显高于全国平均水平，u_1 平均值均在 0.45 以上。2004 年 u_1 为 0.5038，波动变化到 2010 年达到峰顶 0.5046，随后几年大幅度震荡变化，呈现出微弱的下降趋势。东部沿海地区的广东、江苏、浙江、上海、北京等省域数值更是遥遥领先，高达 0.5 以上。从时间序列上看，尽管东部地区 u_1 增长速度有所放缓，但基数很大，仍然处于绝对领先地位，显示出东部地区旅游需求绝对量之大，旅游需求日渐增多，甚至成为人们的常态需求。

中部地区，在 2004～2014 年旅游需求系统综合评价指数明显低于东部地区，且低于全国平均水平。2005 年 u_1 数值最低，仅为 0.2888，波动式增长到 2014 年达到最高值 0.3381，呈现较为明显的上升趋势。其中，湖南、湖北、河南、安徽成为该区域的热点地区，u_1 数值和全国平均值不相上下，且 u_1 上升速度明显。而吉林、江西、山西 u_1 低于中部地区平均水平，是中部地区低洼区与薄弱地带。旅游发展面临区位交通、资金投入、资源特色等一系列问题制约。

西部地区，旅游需求系统综合评价指数处于全国最低水平，一方面来源于西部地区经济发展、旅游业发展与东部、中部地区的差异性，另一方受制于西部地区广阔的地域面积导致低人口密度、低经济密度、低旅游需求。2004～2014 年 u_1 仅在 0.2～0.4 之间，2004 年为 0.2665，受 2008 年一系列事件影响跌入低谷 0.2490，随后年份逐渐增长，到 2014 年达到最高值 0.3070，2014 年较 2008 年增长 18.88%。其中，四川、陕西、云南、重庆 u_1 始终处于西部地区前列，明显高于该区平均水平。而甘肃、宁夏 u_1 尚未超过 0.2，在较低水平上发展。总体上看，西部地区旅游需求系统综合发展指数值较低，和其他地方相比差距较大，但增长势头较为明显，发展速度迅猛，发展后劲十足。

4.1.2.3　旅游需求系统的省域特征

在分析全国及三大地带旅游需求系统发展特征基础上，进一步分析各省域旅游需求系统综合评价指数的变化，绘制各省域旅游需求系统综合评价指数的雷达分布图，以直观显示其发展情况，如图 4-5 所示。

从各省域旅游需求系统综合评价指数平均值来看，排名前五位的分别为广东、江苏、北京、上海、浙江。广东 u_1 平均值达到 0.8101，研究期内均在 0.7 以上，2014 年达到最高值 0.8637，遥遥领先于其他省市，且呈现出明显上升趋势，广东旅游需求系统高水平、高速度的发展，无疑成为引领我国旅游需求发展的一枝独秀。位居第二位的江苏 u_1 平均值达到 0.6311，研究期内仅在 2011 年、2013 年低于 0.6，其余年份均在 0.6 以上，由 2006 年的 0.6664 下降至 2014 年的 0.6202，呈现出微弱的下滑趋势。位居第三位的是北京，u_1 平均值为 0.5933，2004 年到 2014 年明显下滑，从 2004 年最高值 0.7064 持续降低至 2013 年的 0.4975，近年来北京旅游需求系统发展较为滞后，存在旅游需求乏力不足的问题。排名第四位、第五位的上海、浙江表现出不同的变化趋势，上海 u_1 平均值为 0.5670，由 2004 年的 0.6734 逐步下降到 2014 年的 0.5195，浙江 u_1 平均值为 0.5231，由 2004 年的 0.5173 上升至 2014 年的 0.5732。

而排名后五位的分别为甘肃、宁夏、青海、西藏、吉林，u_1 平均值分别为 0.1790、0.1846、0.2151、0.2267、0.2455。2004 ~ 2014 年甘肃在低水平上运行，而且从 2004 年到 2014 年还继续下滑，由 0.1993 下降至 0.1781。而宁夏、青海、西藏、吉林 u_1 尽管偏低，但在 2004 ~ 2014 年间均呈现出明显的上升趋势。

从各省域旅游需求系统综合评价指数的相对增长率来看，2014 年和 2004 年相比，宁夏高达 32.3%、吉林达到 27.39%、湖北为 25.89%；第四、五位的安徽、贵州分别为 23.08%、22.49%。全国 23 个省域旅游需求呈现正向增长趋势，表明全国大多数省域旅游需求发展势头强劲。但有 8 个省域呈现负增长，按负增长程度由大到小分别为北京、上海、天津、甘肃、福建、江苏、湖南、黑龙江，下降幅度分别为 22.94%、22.86%、10.9%、7.9%、5.6%、5.4%、4.8%、1.5%，北京、上海下降幅度最大，尽管下降幅度高，但北京、上海的旅游需求仍在高水平上运行；而甘肃、天津、黑龙江等省域旅游需求系统发展的本身基础较低，又未实现快速增长，可见旅游需求的疲软乏力，后劲不足。

根据上述分析得知不同地区旅游需求系统发展差异较大，可以分为四种情况，以广东、浙江、山东为主的经济发展好的地区，旅游需求系统综合发展指数较高，且呈现出持续上升的发展态势；以北京、上海、江苏为主的经济发展好的

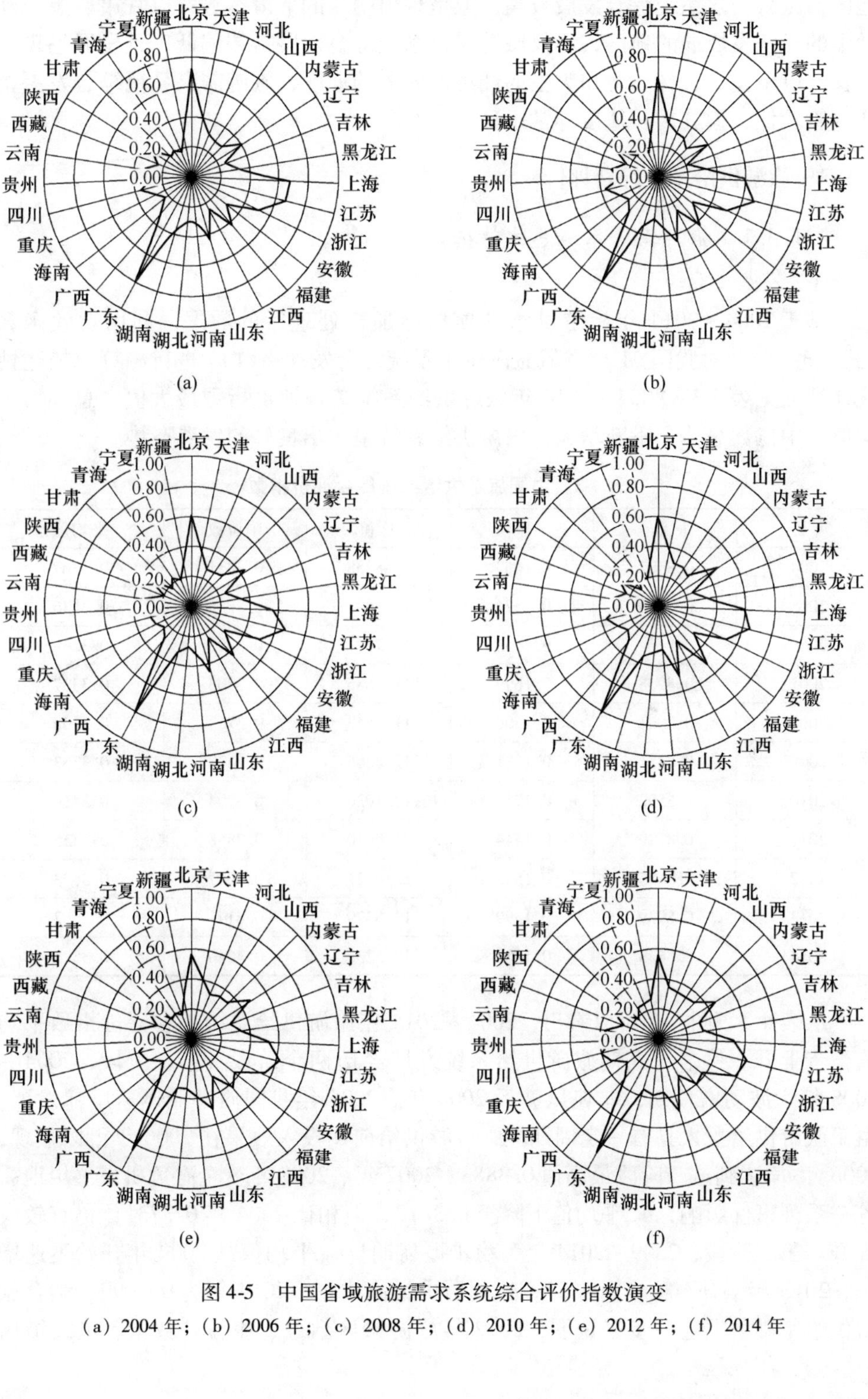

图 4-5 中国省域旅游需求系统综合评价指数演变

(a) 2004 年；(b) 2006 年；(c) 2008 年；(d) 2010 年；(e) 2012 年；(f) 2014 年

地区，旅游需求系统综合发展较高，但呈现出明显的下滑态势；以甘肃、黑龙江为主的经济发展弱的地区，不仅旅游需求系统综合发展指数偏低，且发展呈现负增长；以宁夏、吉林、贵州为主的经济发展弱的地区，旅游需求系统综合发展指数尽管较低，但其增长速度异常迅猛。

4.1.3　旅游供给系统综合评价

4.1.3.1　旅游供给系统总体特征

A　发展趋势

基于2004～2014年旅游供给各项指标加权处理后的数据，利用功效函数（式（3-2）），对我国31个省域旅游供给系统综合发展指数 u_2 进行测算，描述性统计特征见表4-3。2004～2014年旅游供给系统综合评价指数最大值、总和、平均值、中位数总体上不断增大，旅游供给系统呈现出良好的发展态势。

表4-3　中国旅游供给系统综合评价指数

年份	最大值	最小值	总和	中位数	平均值
2004	0.8502	0.1463	11.8758	0.3831	0.3367
2005	0.8723	0.1571	12.2645	0.3956	0.3436
2006	0.8104	0.1653	11.7787	0.3800	0.3269
2007	0.8238	0.1699	11.7885	0.3803	0.3337
2008	0.8001	0.1506	11.6643	0.3763	0.3298
2009	0.8454	0.1581	12.0205	0.3878	0.3353
2010	0.8592	0.1759	12.1020	0.3904	0.3414
2011	0.8729	0.1444	11.9610	0.3858	0.3425
2012	0.9155	0.1545	12.4221	0.4007	0.3673
2013	0.8939	0.1399	12.8379	0.4141	0.3662
2014	0.8643	0.1388	12.5239	0.4040	0.3523

从表4-3、图4-6可以看出，2004～2014年旅游供给系统综合评价指数平均值稳步上升。整个研究期旅游供给系统发展经历两个阶段：第一阶段，2004～2008年为波动增长期，非典风波后2004年、2005年我国旅游业迅速反弹发展，由于旅游供给投入具有一定周期性，旅游供给前期投入效果在2006年得以显现，2006年 u_2 达到这一阶段最高值0.3883。2007年、2008年受金融危机、汶川地震等一系列事件影响，u_2 平均值下降至0.3812，但相比2004年0.3731，仍有较大提升。第二阶段，2009～2014年为稳步提高期，u_2 平均值从2009年开始飞速增长，2013年攀升至顶峰0.4127，达到历史最高水平，2014年为0.4099。结合旅游供给基础数据进一步来说明，2012年旅游景区数量、旅行社数量、星级饭店

数量、星级饭店客房数量、星级饭店从业人数、旅行社从业人员数量等几项指标大幅度提升，说明中国旅游供给系统大幅度提升改善，发展较为稳定，并且旅游供给系统呈现出较为明显的增长趋势。

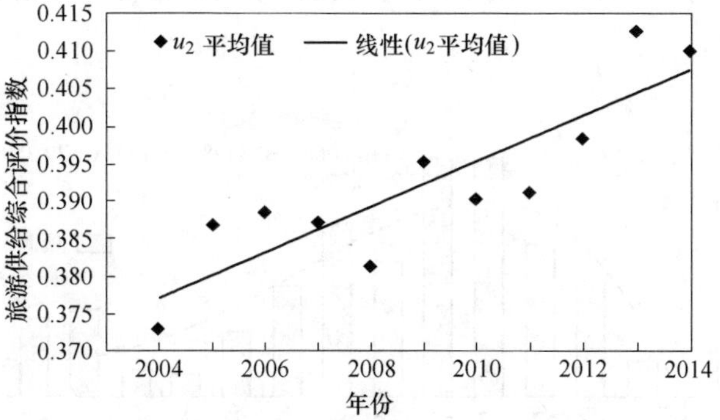

图 4-6　中国旅游供给系统综合评价指数演变趋势

从最大值来看，2004～2014 年 u_2 最大值不断提升，2004 年为 0.8912，2012 年直线攀升至 0.9622，2014 年为 0.9496，说明旅游供给高水平地区供给能力较为稳定，不断提升；从最小值来看，2004～2010 年 u_2 最小值前期逐步上升，后期显著下跌，由 2004 年 0.1362 上升至 2010 年 0.1735，随后骤降到 2014 年 0.1330，跌入谷底端值，说明旅游供给较为落后的地区供给稳定性弱，供给水平仍然较低，尚未得到较好改善且向负向发展。旅游供给出现“马太效应”，即高水平地区旅游供给水平逐渐增强、低水平地区旅游供给水平持续减弱。u_2 中位数 2004～2014 年不断增长，在 2012 年达到最大 0.3640。

2004～2014 年标准差均在 0.15～0.2 之间，标准差值逐年增大，各省域旅游供给系统综合评价指数值分布不均匀，和旅游需求相比，这一情况更为严重，具有更大的离散性，且越演越烈。这一点从最大值与最小值的差值同样可以得到证实，2004 年极差为 0.7550，2014 年极差扩大到 0.8134。说明我国旅游供给系统存在明显的两极化特征，且两极差距有逐渐拉大趋势，两极存在着更大的鸿沟。

B　发展水平

2004～2014 年中国 31 个省域旅游供给系统综合评价指数 u_2 共计 341 个。其中，$0 \leqslant u_2 < 0.3$ 的数据 117 个，占总数的 34.3%；$0.3 \leqslant u_2 < 0.5$ 的数据 152 个，占总数的 44.57%；$0.5 \leqslant u_2 < 0.7$ 的数据 44 个，占总数的 12.90%；$0.7 \leqslant u_2 < 1$ 的数据 28 个，占总数的 8.21%。四个级别的旅游供给综合评价指数差异较大，具有较为明显的极化现象。为进一步说明旅游供给系统的发展情况，建立旅游供给综合评价指数的直方图，如图 4-7 所示。图中横坐标为旅游供给综合评价指数的分组，将 341 个数据分为 16 组，得出 16 组数据的区间范围；纵坐标为每组内

数据出现的次数，即为频率。经计算直方图的偏态系数为0.3403，偏态系数大于0，为正偏态分布，或者说是右偏态分布。旅游供给系统综合评价指数 u_2 低于平均数0.3921的有59.53%，大多 u_2 集中分布于众数0.23周围，而众数又远低于平均值。因此，中国旅游供给系统综合评价指数仍然偏低，旅游供给系统发展水平有待提高。

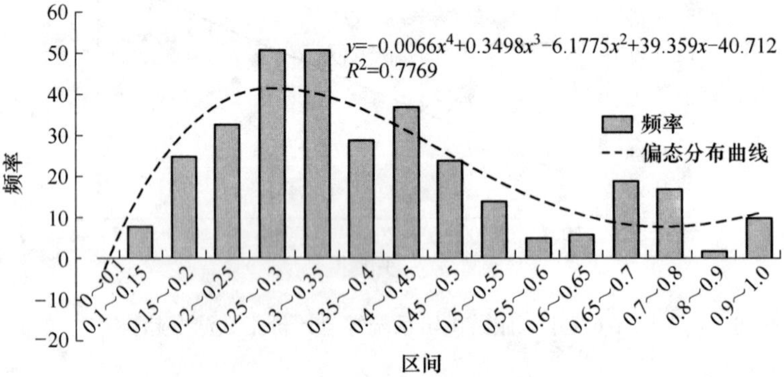

图4-7　旅游供给系统综合评价指数直方图

4.1.3.2　旅游供给系统地带性特征

2004~2014年东部、中部、西部地区旅游供给系统综合评价指数的变化特征表现为不同的发展水平、同样的发展趋势，如图4-8所示。

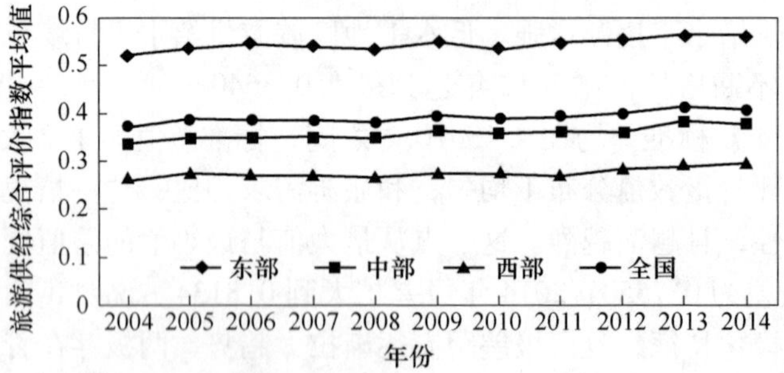

图4-8　中国三大地带旅游供给系统综合评价指数变化趋势

（1）2004~2014年东部地区 u_2 遥遥领先，明显高于中部、西部和全国平均水平。u_2 历年平均值均在0.5以上，2004年为0.5181，直线攀升至2013年达到最高值0.5641，2014年为0.5601，呈现明显上升态势。东部沿海地区的广东、江苏、浙江以及北京、山东 u_2 处于绝对领先地位，高达0.6以上，且这些地区上升势头明显，充分发挥了旅游供给排头兵的带动作用。天津、海南、福建是东部地区旅游供给发展较弱区域，尚未超过0.4，天津只徘徊在0.27左右，是东部地区的薄弱环节，影响了东部地区旅游供给整体水平水准。

（2）2004～2014年中部地区旅游供给综合评价指数低于东部地区和全国平均水平。u_2平均值在0.35水平上下波动，由2004年的0.3383持续增长至2013年的0.3851，2014年小幅下降为0.3786，呈现出上升态势。河南、湖北、湖南作为中部地区旅游供给的热点区域，均在0.4以上，并呈现出一定的增长势头。而吉林、山西成为中部地区薄弱环节，旅游供给水平较低，仅处于0.25～0.35之间。

（3）西部地区旅游供给系统综合评价指数在全国是最低的，这与西部地区区位条件、交通状况、经济发展水平具有密切关系，区位与交通会带动经济快速发展，而经济高速发展会带动基础设施的完善、旅游资源的开发投入，进而提升旅游供给。2004～2014年，西部地区u_2平均值仅在0.25～0.3之间，2004年为0.2634，受2008年一系列事件影响再次跌入低谷0.2638，随后逐年增长，2014年达到最高值0.2930，2014年较2004年增长11.2%。四川在西部地区独占鳌头，介于0.4～0.6之间，明显高于该区平均水平和全国平均水平。而西藏、青海、宁夏仅在0.2以下，是全国旅游供给水平最低的区域，青海、宁夏在研究期内有所增长，而西藏并未呈现正向增长趋势。总体上看，西部地区旅游供给系统综合发展指数虽然较低，但是发展速度较快，大多数地区发展势头迅猛，具有很大的提升空间。

很明显，旅游供给系统综合评价指数均呈现明显的上升势头和地带性差异，而且差异较为明显。这种差距的弥补并不会一蹴而就，在短时期内难以消除，但差距就是未来发展的前景，差距就是未来规划的方向，差距就是创新发展的动力。

4.1.3.3　旅游供给系统的省域特征

为进一步分析各省域旅游供给系统特征，绘制我国31个省域旅游供给系统综合发展指数的雷达图，如图4-9所示。从省域旅游供给系统综合评价指数平均值来看，排名前六位的分别为广东、山东、北京、浙江、江苏、上海。广东u_2平均值达到0.9281，研究期内均在0.8以上，2012年达到最大值0.9620，远高于其他省域，旅游供给水平处在高发展水平阶段，供给水平较为稳定且增长态势依然明显。位居第二位的是山东，平均值为0.7048，由2004年0.5785迅速攀升至2014年的最高值0.7467，发展势头迅猛，山东不仅拥有背靠长三角、面临环渤海的独特区位优势，同时还拥有“一山一水一圣人”等丰富自然和人文旅游资源，邻接中国两大经济中心区，旅游供给得以明显完善。排名第三位的是北京，旅游供给在高水平上运行，均徘徊在0.7左右，2013年达到最高值0.7019，多年来保持缓慢增长态势。第四、五、六位分别为浙江、江苏、上海，分别为0.6833、0.6553、0.5261，浙江、江苏在研究期内表现为持续快速增长的态势，

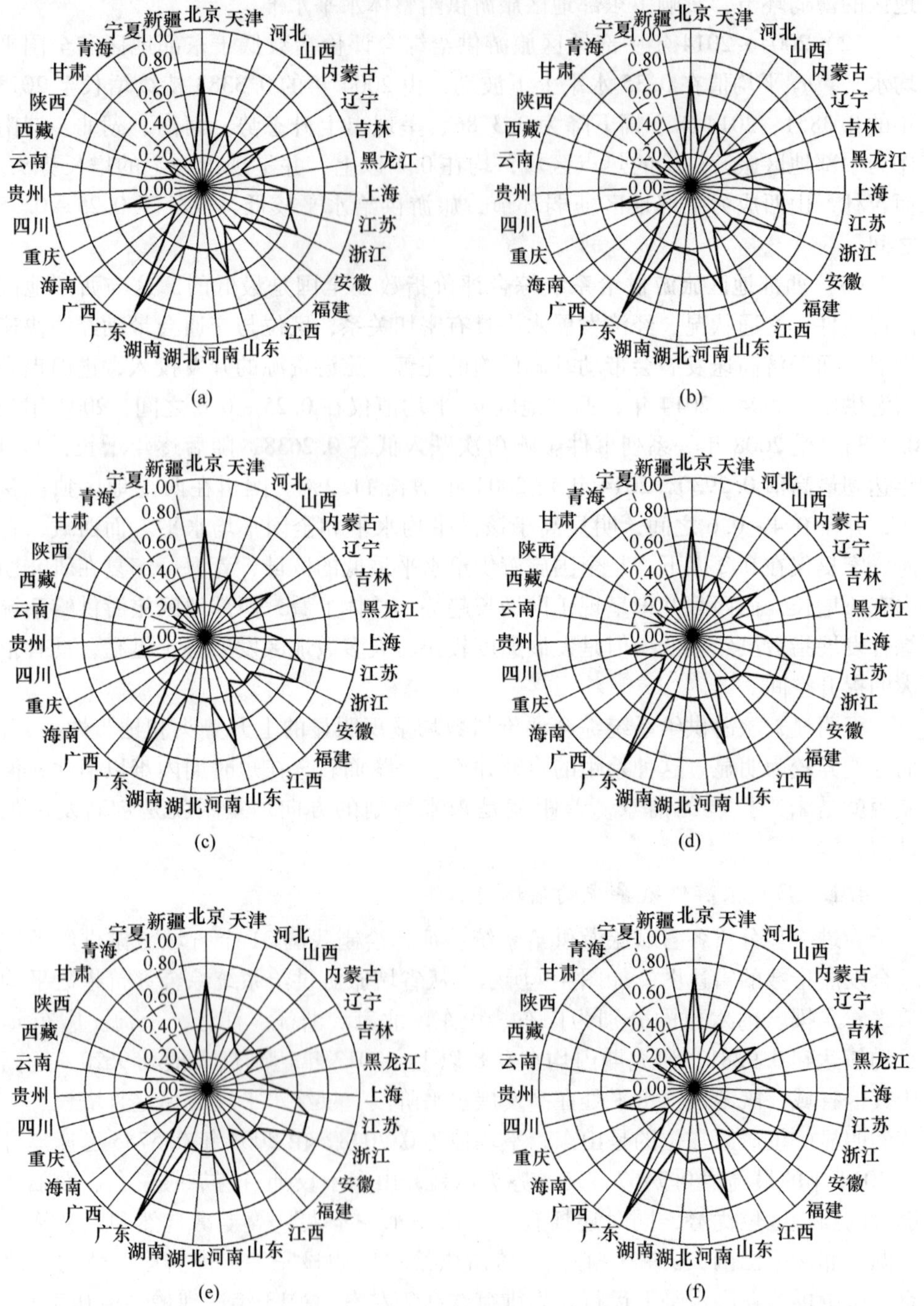

图 4-9　我国省域旅游供给系统综合评价指数演变

(a) 2004 年；(b) 2006 年；(c) 2008 年；(d) 2010 年；(e) 2012 年；(f) 2014 年

而上海呈现负增长局面，由 2004 年的 0.5580 下降到 2014 年的 0.5160。排名后三位的西藏、宁夏、青海，分别为 0.1572、0.1622、0.1651，处于低水平发展阶段。并且西藏、青海出现负增长态势，西藏由 2004 年的 0.1870 下降到 2014 年的 0.1330，青海由 2004 年的 0.1648 下降到 2014 年的 0.1572。宁夏则表现出快速增长趋势，由 2004 年的 0.1362 增长到 2014 年的 0.1719。

从相对增长率来看，2004 ~ 2014 年安徽旅游供给系统综合评价指数相对增长率最高，2014 年较 2004 年相比，增长 40.08%；其次为陕西 32.64%；排名第三的为重庆 30.58%，展示旅游供给系统强劲的增长势头。山东、贵州、内蒙古、宁夏、江苏、甘肃相对增长率分别为 29.08%、28.60%、27.20%、26.17%、26.08%、20.53%，大多数地区实现旅游供给系统的增长与提升。仅有 7 个省域 u_2 呈现负增长状况，按负增长程度从大到小分别为西藏、吉林、上海、青海、辽宁、四川、山西，西藏降幅最为明显，高达 28.85%，吉林、上海降幅均在 7% 左右，青海、辽宁降幅在 4% 左右，四川、山西降幅为 2% 左右。

4.1.4 旅游需求和旅游供给系统相关性分析

旅游需求和旅游供给作为旅游经济系统中的两个耦合交互体，二者之间相互制约与影响。通过上述分析把握了旅游需求、旅游供给系统的发展趋势、发展水平、地带性特征与省域发展特征。而旅游需求和旅游供给系统之间的相互关系到底如何？为此，根据 2004 ~ 2014 年 u_1、u_2 绘制中国旅游需求和供给系统综合发展指数散点图，并为散点图添加线性趋势，考察二者之间的相关关系和回归方程，以检验二者之间内在关系，如图 4-10 所示。利用 spss 软件对 2004 ~ 2014 年旅游需求和旅游供给系统综合评价指数的皮尔逊相关性进行检验，经检验发现，历年来二者相关系数均为 0.7 左右，且通过显著性 T 检验。

4.1.5 旅游需求和旅游供给系统滞后性分析

根据第 3 章旅游需求和旅游供给系统滞后性评价标准，对比 2004 ~ 2014 年旅游需求和旅游供给系统 u_1、u_2 分析滞后性，见表 4-4。整个研究期可以分为两阶段：第一个阶段为 2004 ~ 2009 年，除 2005 年外，其余年份 $u_1 > u_2$，说明这一期间旅游需求系统优先发展，旅游供给滞后性明显，且旅游供给不足的滞后性逐渐拉大；第二阶段为 2010 ~ 2014 年，此阶段除 2012 年外，其余年份 $u_1 < u_2$，为旅游供给优先发展，旅游需求滞后，但旅游需求滞后性呈减弱趋势。2012 年 u_1、u_2 相差无几，几乎达到旅游需求和旅游供给系统同步发展。2013 年 u_1、u_2 差值达到最大，旅游需求系统滞后性较为严重，旅游需求明显乏力不足，到 2014 年差值逐渐缩小，旅游需求系统滞后性有所减小，旅游供给系统的发展有所增强。旅游供给系统滞后为历史特征，旅游需求系统滞后渐显扩大趋势。

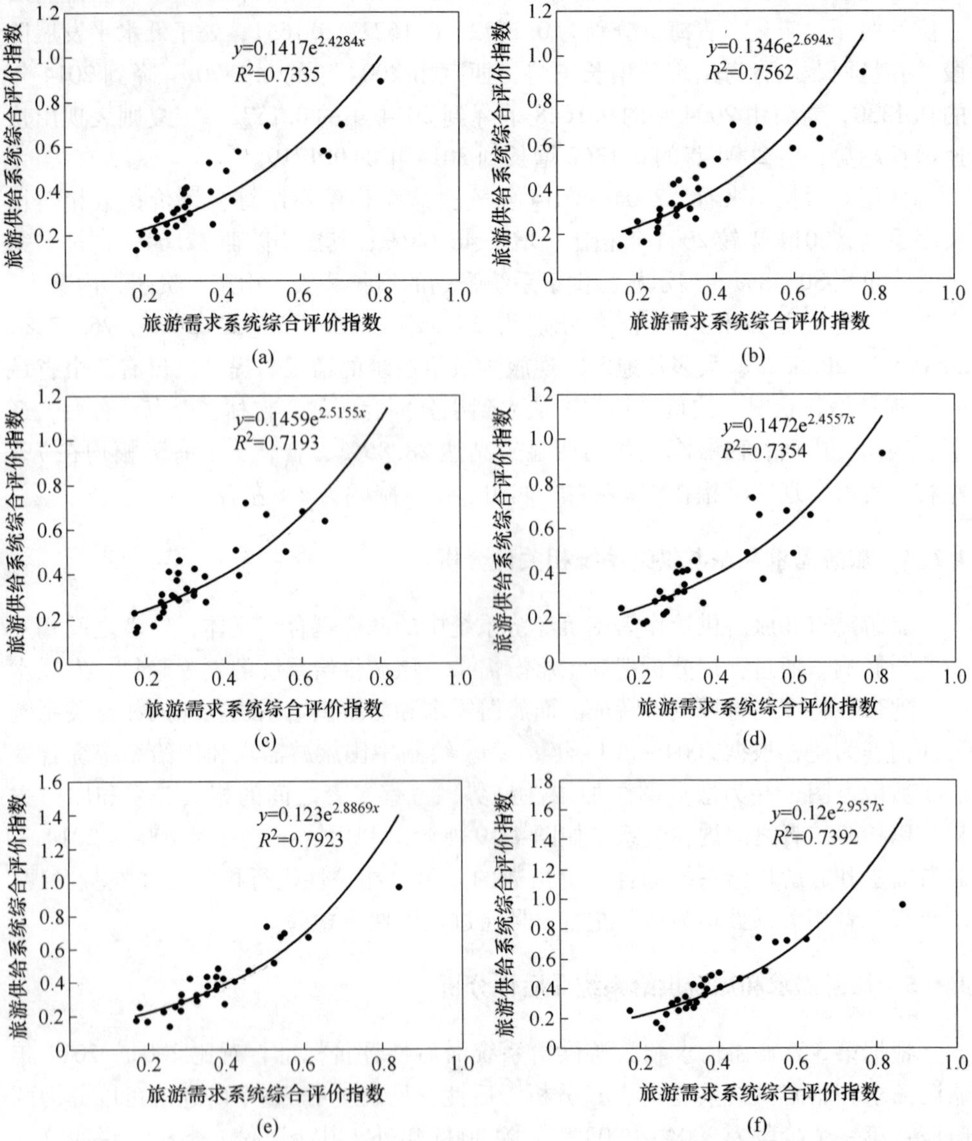

图 4-10　我国旅游需求和旅游供给系统综合评价指数回归模型

（a）2004 年；（b）2006 年；（c）2008 年；（d）2010 年；（e）2012 年；（f）2014 年

表 4-4　旅游需求和旅游供给系统滞后类型

年份	u_1 平均值	u_2 平均值	u_1、u_2 比较	滞后类型
2004	0. 3998	0. 3831	$u_1 > u_2$	供给系统滞后型
2005	0. 3687	0. 3956	$u_1 < u_2$	需求系统滞后型

表 4-4

年份	u_1 平均值	u_2 平均值	u_1、u_2 比较	滞后类型
2006	0.4123	0.3780	$u_1 > u_2$	供给系统滞后型
2007	0.3941	0.3803	$u_1 > u_2$	供给系统滞后型
2008	0.3806	0.3763	$u_1 > u_2$	供给系统滞后型
2009	0.4006	0.3878	$u_1 > u_2$	供给系统滞后型
2010	0.3897	0.3904	$u_1 < u_2$	需求系统滞后型
2011	0.3743	0.3858	$u_1 < u_2$	需求系统滞后型
2012	0.4073	0.4007	$u_1 > u_2$	供给系统滞后型
2013	0.3828	0.4141	$u_1 < u_2$	需求系统滞后型
2014	0.4010	0.4040	$u_1 < u_2$	需求系统滞后型

进一步观察我国31个省域旅游需求和旅游供给系统的滞后性，2004年北京、上海、江苏、广西、福建、天津、内蒙古、重庆、陕西、贵州、黑龙江、宁夏、青海、西藏、新疆、海南等16个省域 $u_1 > u_2$，为旅游供给系统滞后型，其余15个省域 $u_1 < u_2$，为旅游需求系统滞后型。2007年旅游供给系统滞后型的省域减到12个，分别为辽宁、天津、江苏、福建、海南、山西、重庆、贵州、云南、青海、西藏、新疆，其他19个省域为旅游需求系统滞后型。2011年天津、内蒙古、福建、海南、云南、贵州、西藏、青海、宁夏、新疆等10个省域 $u_1 > u_2$，为旅游供给系统滞后型，其余21个省域为旅游需求滞后型。2014年，旅游供给系统滞后型的省域有所变化并再次扩大，包括吉林、内蒙古、天津、山西、宁夏、重庆、贵州、广西、青海、云南、新疆、西藏、上海等13个省域其余18个省域为旅游需求滞后型。通过2004~2014年我国31个省域旅游系统滞后类型统计不难发现，研究前期旅游供给系统滞后的省域较多，旅游需求系统优先发展；研究中期，旅游需求系统滞后型的省域明显增多，旅游供给系统优先发展；研究后期，旅游需求系统滞后型的省域逐渐减小，旅游供给系统滞后型反弹严重，旅游供给滞后与不足逐渐凸显有所扩大，各省域旅游需求和供给系统稳定性不足。

4.2 旅游供需耦合协调的时序演变

4.2.1 总体情况

基于2004~2014年旅游需求、旅游供给系统综合评价指数 u_1、u_2 值，利用耦合协调模型（式（3-5）、式（3-6））得到耦合度、协调度，进一步计算得到2004~2014年我国31个省域旅游供需耦合协调度，结果见表4-5。

表 4-5　我国旅游需求和旅游供给的耦合协调度

省、自治区、直辖市	2004 年	2005 年	2006 年	2007 年	2008 年	2009 年	2010 年	2011 年	2012 年	2013 年	2014 年
北京	0.7259	0.7154	0.7117	0.7190	0.6955	0.7021	0.6895	0.6831	0.6813	0.6770	0.6912
天津	0.4648	0.4786	0.4721	0.4714	0.4752	0.4834	0.4749	0.4621	0.4921	0.4990	0.4727
河北	0.5017	0.5187	0.5339	0.5119	0.5049	0.5174	0.5158	0.5179	0.5265	0.5399	0.5354
山西	0.4534	0.4654	0.4796	0.4629	0.4634	0.4815	0.4808	0.4707	0.4903	0.4812	0.4833
内蒙古	0.4300	0.4819	0.4509	0.4616	0.4570	0.4667	0.4636	0.4705	0.4794	0.4792	0.4913
辽宁	0.5799	0.5860	0.5980	0.5998	0.5954	0.5941	0.6032	0.5796	0.5906	0.5876	0.5878
吉林	0.4311	0.4320	0.4199	0.4287	0.4385	0.4466	0.4417	0.4348	0.4440	0.4459	0.4474
黑龙江	0.4703	0.4789	0.4901	0.4862	0.4838	0.4890	0.4970	0.4923	0.4904	0.4903	0.4948
上海	0.6662	0.6650	0.6647	0.6379	0.6281	0.6296	0.6301	0.6142	0.6254	0.6176	0.6229
江苏	0.6763	0.6833	0.6937	0.6977	0.6969	0.7155	0.6998	0.6711	0.6982	0.6968	0.7174
浙江	0.6734	0.6823	0.6732	0.6778	0.6709	0.6733	0.6666	0.6624	0.6892	0.6878	0.7005
安徽	0.4817	0.4865	0.4877	0.4884	0.5026	0.5129	0.5229	0.5337	0.5519	0.5610	0.5637
福建	0.5308	0.5700	0.5368	0.5381	0.5561	0.5482	0.5644	0.5493	0.5565	0.5595	0.5519
江西	0.4368	0.4646	0.4625	0.4574	0.4614	0.4764	0.4651	0.4601	0.4779	0.4783	0.4826
山东	0.6179	0.6335	0.6604	0.6657	0.6705	0.6845	0.6849	0.6995	0.6876	0.6811	0.6907
河南	0.5128	0.5390	0.5541	0.5523	0.5348	0.5533	0.5308	0.5281	0.5578	0.5513	0.5625
湖北	0.5152	0.5166	0.5259	0.5186	0.5102	0.5284	0.5331	0.5307	0.5460	0.5640	0.5737
湖南	0.5238	0.5426	0.5377	0.5390	0.5295	0.5394	0.5319	0.5184	0.5255	0.5325	0.5396
广东	0.8037	0.8052	0.8028	0.8052	0.7998	0.8088	0.8145	0.8112	0.8273	0.8251	0.8280
广西	0.4697	0.5016	0.4828	0.4742	0.4620	0.4771	0.4794	0.4655	0.4839	0.4859	0.4949
海南	0.4017	0.4157	0.4241	0.4089	0.4061	0.4184	0.4203	0.4274	0.4195	0.4103	0.4245
重庆	0.4608	0.4683	0.4661	0.4726	0.4648	0.4859	0.4835	0.4855	0.5045	0.5058	0.5196
四川	0.5843	0.5732	0.5792	0.5704	0.5331	0.5553	0.5509	0.5425	0.5722	0.5746	0.5888
贵州	0.4062	0.4256	0.4123	0.4218	0.4219	0.4305	0.4261	0.4121	0.4340	0.4490	0.4671
云南	0.4966	0.5052	0.5115	0.5003	0.4907	0.4932	0.4894	0.4872	0.5349	0.5036	0.5186
西藏	0.3831	0.3788	0.3731	0.3707	0.3458	0.3707	0.3817	0.3617	0.3666	0.3534	0.3595
陕西	0.4690	0.4991	0.4939	0.4933	0.4923	0.4999	0.4998	0.5082	0.5248	0.5217	0.5346
甘肃	0.3756	0.3889	0.3882	0.3874	0.3916	0.4001	0.3902	0.4050	0.4025	0.4045	0.4031
青海	0.3573	0.3801	0.3759	0.3798	0.3731	0.3726	0.3759	0.3678	0.3587	0.3532	0.3751
宁夏	0.3320	0.3419	0.3408	0.3478	0.3539	0.3632	0.3709	0.3700	0.3591	0.3622	0.3839
新疆	0.4383	0.4494	0.4388	0.4407	0.4325	0.4265	0.4545	0.4546	0.4586	0.4497	0.4616

2004~2014 年我国 31 个省域旅游供需耦合协调度数据共 341 个。其中，$0 \leqslant D < 0.3$ 的数据 1 个，占总数的 0.29%；$0.3 \leqslant D < 0.5$ 的数据 232 个，占总数的 68.04%；$0.5 \leqslant D < 0.7$ 数据为 101 个，占总数的 29.61%；$0.7 \leqslant D < 1$ 的数据有 7 个，仅占总数的 2.05%。旅游供需耦合协调度数值分布大多数处于 0.3~0.7 之间，停留在中等水平。

我国旅游供需耦合协调度的统计特征描述见表 4-6。从各年最大值来看，仅 2008 年受危机事件影响在 0.7 区间，其余年份均在 0.8 以上，最大值逐年向上攀升，集中在广东、江苏、浙江、上海等沿海省域以及北京；从各年最小值来看，徘徊在 0.3~0.35 之间，最小值波动式缓慢增长，集中在甘肃、宁夏、西藏等西部省域。进一步观察最大值与最小值之差，2004 年极差为 0.4717，2014 年缩减到 0.4685。说明我国不同省域旅游供需耦合协调度存在较大差异，旅游供需耦合协调存在着两极化现象，但两极差异呈现出逐渐减小的趋势。从标准差来看，2004~2014 年标准差均在 0.10~0.15 之间，标准差逐年减小，各省域旅游供需耦合协调度分布不均匀，较为离散，但和旅游需求、旅游供给系统综合评价指数相比，这一情况已有所好转。旅游供需耦合协调度分布的离散度并不高，且离散程度越来越小，反映出各省域旅游供需耦合协调度逐渐趋同。

表 4-6 我国旅游需求和旅游供给耦合协调度统计

年份	最大值	最小值	总和	平均值	中位数
2004	0.8502	0.1463	11.8758	0.3831	0.3367
2005	0.8723	0.1571	12.2650	0.3956	0.3436
2006	0.8104	0.1653	11.7787	0.3800	0.3269
2007	0.8238	0.1699	11.7885	0.3803	0.3337
2008	0.8001	0.1506	11.6643	0.3763	0.3298
2009	0.8454	0.1581	12.0205	0.3878	0.3354
2010	0.8592	0.1759	12.1011	0.3903	0.3414
2011	0.8729	0.1444	11.9610	0.3858	0.3425
2012	0.9155	0.1545	12.4221	0.4007	0.3673
2013	0.8940	0.1399	12.8379	0.4141	0.3662
2014	0.8643	0.1387	12.5234	0.4040	0.3523

为进一步说明旅游供需耦合协调发展情况，建立旅游供需耦合协调度直方图，如图 4-11 所示。图中横坐标为耦合协调度分组，将 341 个数据分为 14 组，得出 14 组的区间范围；纵坐标为每组内数据出现的次数，即频率。经计算，此直方图偏态系数为 0.02814，四个级别的旅游供需耦合协调度差异较大，两边小，中间多，基本呈现出正态分布。旅游供需耦合协调度平均数为 0.519，低于平均

数的有 58.06%，大多 D 值集中分布于众数 0.465 周围，众数稍低于平均值。旅游供需耦合协调度水平处于中等水平。

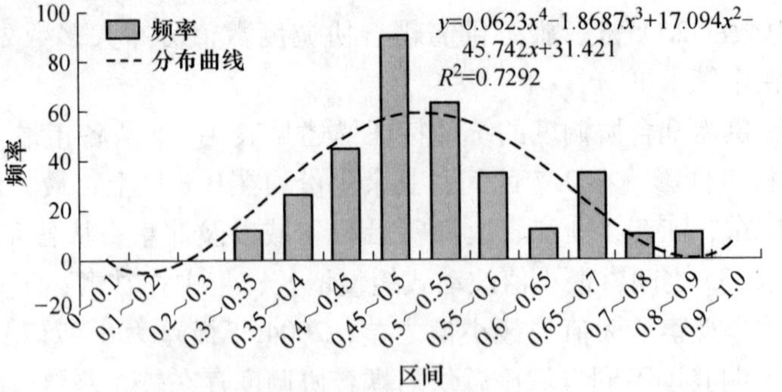

图 4-11　中国旅游需求和旅游供给耦合协调度直方图

4.2.2　时序特征

4.2.2.1　时间演变过程

从表 4-6 看出，2004 ~ 2014 年旅游供需耦合协调度波动式变化，旅游供需耦合协调发展经历两个阶段。第一阶段，2004 ~ 2008 年为震荡期，旅游供需耦合协调度有明显的波动变化，先迅速上升后明显下降。从 2004 年谷底 0.4324 迅速上升至 2006 年谷峰 0.6007。2003 年非典风波及其持续性对旅游业发展产生了重大影响，2003 年旅游业发展各项数据明显下降，2004 年非典风波过后，旅游者表现出强烈的旅游欲望，旅游需求较高；而与高旅游需求相对应的是，2003 年旅游者数量明显减少导致旅游供给明显不足。旅游需求的时效性、多变性与旅游供给的长期性、稳定性，共同导致 2004 年旅游供需耦合协调度降低至最低点。2005 年旅游需求小幅度下降，前期旅游供给的投入效果逐渐凸显，使得 2005 年中国旅游供需耦合协调度达到最高值。2007 ~ 2008 年随着一系列事件的发生，旅游需求逐步减弱，旅游供给小幅度变化，旅游供需耦合协调度表现为逐步下降趋势，在 2008 年下降至又一低值 0.43876。第二阶段为 2009 ~ 2014 年，先缓慢下降后稳步上升。2009 年旅游需求和旅游供给系统综合评价指数均有所上升，旅游供需耦合协调度随之提高。2010 ~ 2011 年旅游需求再次下降，而旅游供给基本保持不变，故旅游供需耦合协调度持续下滑。但 2012 ~ 2014 年伴随着我国旅游业的迅速发展，旅游需求和旅游供给均同步呈现出增长与提高态势，旅游供需耦合协调度稳步上升，表现出良好的发展态势。

4.2.2.2　趋势性与周期性

旅游经济是宏观经济的重要组成部分，且所占比重逐年增大。旅游需求和旅游供给作为旅游经济运行的两个重要环节，旅游需求的消费性和旅游供给的投资性均和经济运行状况密切相关，是经济运行的晴雨表。应用 HP 滤波分析法对旅游需求和旅游供给的耦合协调的趋势性和周期性进行系统分析。HP 滤波依赖于平滑指数 λ，选取 $\lambda=100$，利用 Eviews 软件，将旅游供需耦合协调度的时间序列分解为长期趋势序列和短期周期波动序列，如图 4-12 所示。HP 滤波分解出具有平滑趋势的趋势数据（实线）和具有波动规律的周期数据（虚线）。实线数据即为趋势要素序列 T，虚线数据为周期性序列数据 Y。

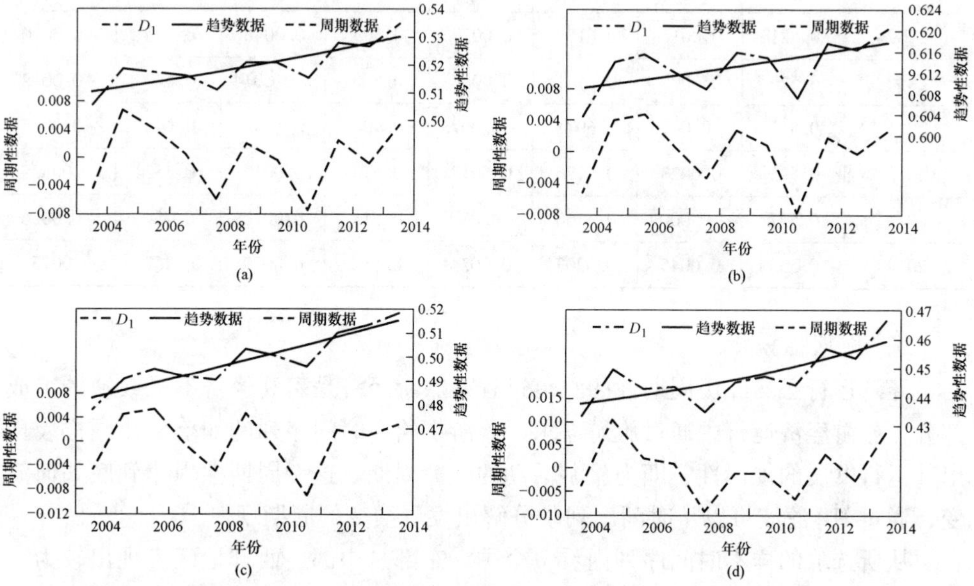

图 4-12 旅游需求和旅游供给耦合协调度 HP 滤波分析

（a）全国；（b）东部；（c）中部；（d）西部

A 趋势性分析

利用 HP 滤波法对时间序列进行分解，一方面能消除由于个别年份特殊事件对旅游需求、旅游供给产生的较大波动，进而对旅游供需耦合协调产生的影响；另一方面，能够消除因一些不可观测的因素，例如价格、成本等宏观因素对旅游供需产生的影响，趋势性分析即可消除波动性对发展趋势的影响。从趋势性曲线数据上看，见表 4-7，旅游供需耦合协调的趋势项数据呈上升态势，尽管个别年份出现下滑现象，但总体上为绝对上升态势。同时，从三大地带趋势项数据来看，东部、中部、西部旅游供需耦合协调的趋势项序列数据均呈上升态势，且中部地区上升态势最为显著。

表 4-7　旅游供需耦合协调度 HP 滤波分解结果

年份	全国		东部		中部		西部	
	趋势性	周期性	趋势性	周期性	趋势性	周期性	趋势性	周期性
2004	0.506	-0.0045	0.6038	-0.0052	0.478	-0.0048	0.434	-0.0038
2005	0.519	0.0067	0.6140	0.0040	0.491	0.0046	0.449	0.0105
2006	0.517	0.0039	0.6156	0.0047	0.495	0.0055	0.443	0.0021
2007	0.515	0.0004	0.6117	0.0004	0.492	-0.0007	0.442	0.0010
2008	0.511	-0.0061	0.6090	-0.0034	0.491	-0.0049	0.435	-0.0092
2009	0.521	0.0018	0.6159	0.0027	0.503	0.0048	0.445	-0.0010
2010	0.520	0.0005	0.6141	0.0008	0.500	-0.0014	0.447	-0.0012
2011	0.515	-0.0076	0.6071	-0.0078	0.496	-0.009	0.444	-0.0065
2012	0.525	0.0023	0.6176	0.0018	0.510	0.0019	0.457	0.0032
2013	0.527	-0.0009	0.6168	-0.0003	0.513	0.0010	0.454	-0.0026
2014	0.535	0.0045	0.6203	0.0024	0.518	0.0029	0.467	0.0075

B　周期性分析

经济运行必然经历周期性的涨落过程，旅游经济是宏观经济不可或缺的组成部分，旅游经济运行中通过旅游需求、旅游供给在时间序列的涨落变化同样表现出其运行发展的规律性，即为旅游活动的生命周期。这一周期性规律到底如何演变，通过 HP 滤波可以从时间序列中分解出发展演变的周期规律。

从所选取的样本时间序列内看，全国、东部、中部、西部地区表现出较为一致的波动周期性。按照“谷－谷”划分法，2004～2014 年我国旅游供需耦合协调共经历 3 次周期性波动，每一次周期性波动均表现为先升后降的特点。第一次周期性波动为 2004～2008 年，此期间的前期，受非典影响过后我国旅游经济迅速攀升，旅游需求不断增大，旅游供给不断提升，实现 2005 年旅游供需耦合协调的高峰。此阶段的后期，旅游需求、旅游供给系统综合评价指数逐渐减低，旅游需求、旅游供给在经历 2004～2005 年的兴盛发展后逐渐疲软，进入休眠期，而此时又受 2008 年特殊事件影响，旅游需求、旅游供给系统综合评价指数降到了历史最低水平，旅游供需耦合协调度也同样处于较低水平，结合周期性成分数据同样看出 2008 年数据值较低。

第二次周期性波动为 2008～2011 年，此阶段的前期旅游需求井喷式增长，旅游需求系统综合评价指数大增，而旅游供给也明显提高，2009 年实现旅游供需耦合协调的又一高峰。但 2010 年开始有所下降，2011 年大幅下降，周期性成分数据值均为历年最低水平。

第三次周期性波动为2011～2013年，2012年旅游需求和旅游供给在经历了2011年的萎靡后再次爆发式增长，旅游需求、旅游供给综合评价指数迅速攀升，旅游供需耦合协调度实现再次突破。随后2013年小幅降落，2013年周期性成分数据再次为负增长，但较2004年、2008年、2011年相比已有所提高。到了2014年周期性成分数据迅速攀升，达到历年最高值。

全国、东部、中部、西部地区旅游供需耦合协调度的周期性波动表现出较为一致的特征，根据HP滤波分析所得的结果和上述时间演变过程的分析结果较为一致，更加客观说明我国旅游供需耦合协调发展的时序特征。毋庸讳言，旅游供需耦合协调波动周期性的时间逐渐缩短，波动的振幅有所增大。旅游供需耦合协调的时序演变具有规律性，从中也发现旅游需求、旅游供给发展受危机事件影响的脆弱性，但其抗风险、抗危机能力逐渐增强，自身的恢复力也逐渐增强。

4.3 旅游供需耦合协调的空间特征

4.3.1 空间地带性

从中国三大经济区来看，2004～2014年东部、中部、西部地区的旅游供需耦合协调度呈阶梯状分布。

（1）2004～2014年东部地区旅游供需耦合协调度遥遥领先，明显高于中、西部地区和全国平均水平。东部地区内（除天津、海南）耦合协调度均在0.5以上，并呈现出上升态势。东部沿海地区的广东、江苏、浙江处于绝对领先地位，大于0.7；北京、山东、上海也处于较为优势地位，大于0.6，以这些地区2014年数据为例，分别达到0.8281、0.7174、0.7005、0.6912、0.6907、0.6229，成为我国旅游供需耦合协调的排头兵。而天津和海南是东部地区的薄弱地带，仅为0.4769、0.4160，远低于该区的平均水平。东部地区内除北京、上海外，其他省域的耦合协调度均逐年增加，发展势不可当。

（2）2004～2014年中部地区旅游供需耦合协调度低于东部地区，略低于全国平均水平。中部地区耦合协调度处于0.45～0.55之间，自2004年0.4781持续增长到2014年的最高点0.5185，呈现出上升态势。中部地区的河北、湖北、湖南、安徽的耦合协调度较高，分别为0.5434、0.5329、0.5327、0.5176，高于东部地区和全国平均值。而吉林、江西成为中部地区的塌陷区，旅游供需耦合协调度仅为0.4373、0.4657。中部地区既没有东部地区良好的区位、便利的交通、发达的经济，也没有西部地区独有的原始风光与人文风情，旅游供给发展面临区位交通、资金投入、资源特色等一系列瓶颈。但近年来中部地区在承接东部地区产业结构转移、转变旅游发展方式等问题上加大投入，旅游经济增长速度，发展势头为三个地区中速度最快的区域。

（3）对于西部地区而言，旅游供需耦合协调度是全国最低者，2004～

2014年西部地区旅游需求、旅游供给系统综合评价指数均较低，旅游供需耦合协调度必然较低。2004~2014年西部地区旅游供需耦合协调度在0.35~0.6之间，2004年为0.4335，2014年达到最高值0.4665，2014年较2004年增长7.6%。四川、云南、陕西旅游供需耦合协调发展水平在西部地区形成三足鼎立格局，明显高于该区和全国平均水平。其中，四川比较突出，高达0.5659，高于全国平均水平；形成鲜明对比的是甘肃、西藏、青海、宁夏，旅游供需耦合协调度位于0.4以下，是全国旅游供需耦合协调度最低区域。云南、陕西、广西、贵州分别为0.5028、0.5033、0.4797、0.4279，处于西部地区发展的中等水平。广西近些年来旅游需求和旅游供给系统综合评价值较低，过去以漓江山水为代表的广西旅游业的霸主地位，逐渐被周边的云南、四川、贵州取而代之，西部旅游"九五看云南，十五看四川，十一五、十二五看贵州"，形象说明了西部地区旅游业的发展状况，而旅游业发展这一情况和旅游供需耦合协调的发展情况完全契合。西部地区旅游供需耦合协调度尽管较低，但是发展速度较快，西部地区中仅有西藏旅游供需耦合协调发展呈现负增长趋势，其他地区增长速度较快，具有很大的提升空间。

综上所述，中国旅游供需耦合协调度发展水平呈现出鲜明的空间地带性，沿中国的三大地形阶梯状分布。东部地区旅游供需耦合协调度最高，中部地区次之，西部地区最低，三大地带的旅游供需耦合协调度在发展水平上存在较大差距，在发展趋势上表现为较为一致的增长态势。

4.3.2 空间聚集性

利用Arcgis软件中的自然断裂法，将2004~2014年各省域旅游供需耦合协调度划分为高值区、次高值区、次低值区、低值区4个等级。

从旅游供需耦合协调度分布的高值区来看，2004年位于高值区的包括广东、北京、江苏、浙江、上海5个省域，高值区在东部地区内零散分布；2006年山东进入高值区序列；2008年、2010年上海退出高值区域；2012~2014年逐渐演变为6个省域，高值区省域连点呈线、固化集结、沿东南沿海地区北上蔓延布局，呈倒U形分布格局。

次高值区演变情况为，2004年包括山东、四川、辽宁、福建、湖南、湖北、河南7个省域，呈零散分布状态；2006年河北进入该区、山东晋升至高值区；2008年各省域旅游供需耦合协调度一度下降，次高值区的省域仅剩6个；2010年次高值区演变为四川、辽宁、福建、湖南、湖北、河南、安徽、河北8个省域；2014年加入云南、陕西、重庆，蔓延到11个省域。次高值区的省域由最初的零散分布状态，演变为围绕高值区紧密布局，沿我国东部、东南部的环渤海地区、长三角地区逐渐向内蔓延扩展，并逐渐和高值区形成一个集聚区。

次低值区演变情况为，2004年包括河北、云南、安徽、黑龙江、广西、山西、天津、重庆、陕西、新疆、江西、吉林、内蒙古等13个省域，在空间上表现出一个倾斜的V字形布局，次低值区联结成片，占据较大比例。2006年吉林轮到低值区、河北晋升到次高值区，次低值区减少为11个；2008年湖北降入该区、吉林升入该区，数量回到13个；2010年河北、湖北升入次高值区；2014年次低值区仅保留广西、黑龙江、内蒙古、山西、江西、天津、贵州、新疆、吉林9个省域，其余均已晋升至次高值区。次低值区域的空间聚集由2004年V形逐渐演变为2010年的T形，最初的片状、中期的带状空间布局模式逐渐被打破，仅剩下北部边境省域、南部边境省域零星分布，次低值区沿着边境地带逐渐向中间推移。

低值区的分布变化幅度较小，2004年贵州、海南、西藏、甘肃、青海、宁夏6个省域位于该区；2006年吉林进入该区；2008～2012年吉林退出该区，原有的6个省域在低值区较为固定；2013年、2014年贵州打破僵局进入次高值区，由此低值区仅剩5个省域。

为进一步对中国旅游供需耦合协调的空间特征和格局进行描述，使用全局空间自相关模型进行检验，以检验旅游供需在空间格局中对空间依赖的程度。分别对2004～2014年旅游供需耦合协调度进行Moran's I值及其显著性进行检验。结果表明，研究期内Moran's I值均在－0.02～0.12之间，均值在0.05左右徘徊，检验值P远高于0.5，尚未有年份通过检验。由此，说明旅游供需耦合协调在空间分布仅存在空间集聚性，并不存在空间关联性，地理位置相邻近的省域在旅游供需耦合协调发展中不存在相互影响、相互制约、相互扰动的现象。因此，旅游供需耦合协调在空间上地带性、集聚性的演变更多的是来源于自身因素的影响，而来自于外界邻近地区的彼此影响与制约关系不大。

4.3.3　空间方向性和演变性

在中国旅游供需耦合协调的空间地带性、空间集聚性分析基础上，对省域空间分布的范围、分布的方向性与演变性进行分析。利用标准差椭圆法，借助标准差椭圆的面积、沿长半轴 y 标准差、沿短半轴 x 标准差、转角，来分析省域旅游供需耦合协调的空间分布范围和空间分布方向。利用重心法，借助重心的空间坐标位置来刻画耦合协调度的空间分布方向及其偏移轨迹的程度。2004～2014年中国旅游供需耦合协调度的标准差椭圆与重心演化轨迹计算结果见表4-8。

从旅游供需耦合协调度标准差椭圆的空间分布范围上看，最北端抵达内蒙古，东北端处于辽东半岛以北，最南端处于两广交界处，最西端到达四川西部，最东端到达长江三角洲及东南沿海地带，其界线范围内囊括环渤海、长三角及中部经济区等三大经济区，表明旅游供需耦合协调的发展和经济水平具有一定平行性。从椭圆差椭圆面积来看，2004 ~ 2014 年标准差椭圆面积在剧烈变化中呈现增大趋势，说明旅游供需耦合协调度的空间分布更为离散，省域间耦合协调度的差异逐渐缩小。从标准差椭圆转角 θ 上看，2004 ~ 2014 年转角先降后升，在波动中有增大的趋势。2004 年 θ 为 50. 9572°，2008 年下降至 45. 5346°，2014 年上升到 53. 4071°，旅游供需耦合协调度在空间分布上表现为东北—西南走向，并分别向东、西两个方向偏移。

表 4-8　中国旅游供需耦合协调的标准差椭圆参数

年份	转角 θ/(°)	沿 y 轴标准差/km	沿 x 轴标准差/km	面积/万 km^2
2004	50. 9572	1164. 3422	1029. 4949	37657. 7904
2005	49. 7089	1159. 5596	1031. 5636	37576. 5115
2006	48. 9334	1160. 2032	1024. 9030	37354. 6051
2007	49. 2811	1159. 7286	1025. 6933	37368. 1171
2008	45. 5346	1154. 1025	1020. 3923	36994. 6472
2009	47. 5867	1156. 2434	1019. 8218	37042. 5493
2010	49. 5476	1160. 318	1030. 3418	37556. 5729
2011	48. 5666	1156. 8116	1031. 4325	37468. 3453
2012	48. 4291	1155. 6843	1024. 5935	37197. 8796
2013	47. 1365	1150. 8531	1020. 3902	36890. 4133
2014	53. 4071	1161. 0244	1031. 9793	37639. 0958

从标准差椭圆长短轴来看，沿 y 轴标准差由 2004 年最大值 1164. 3422 下降到 2013 年最小值 1150. 8531，2014 年又有所上升，总体上呈现出下降趋势，长轴逐渐变短。沿 x 轴标准差由 2004 年 1029. 4949 上升到 2014 年最大值 1031. 9793，呈上升态势，短轴变长。进一步比较长短轴之比，即扁率，2004 ~ 2014 年扁率前期增大后期减小，总体为减小态势。一系列变化表明，旅游供需耦合协调度在东北—西南方向上集中、收缩，在西北—东南方向上分散、扩张，椭圆越发接近于圆形。耦合协调度高值区在空间分上逐渐缩小，分布越发集中，耦合协调度的低值区在空间分布上越发分散。

从重心坐标与轨迹来看，旅游供需耦合协调的重心可以反映耦合协调度在空间上的分布中心，不同年份的重心位置的变化则可以反映耦合协调度在空间的演变情况。2004 ~ 2014 年重心变化区间为 119. 95° ~ 112. 594°E，33. 376° ~ 33. 664°N，大致位置在河南西南部，重心轨迹走过一个东北—西南—东南—西南的路径，前期处于偏东的位置，后期向西部移动，说明旅游供需耦合协调发展的良好区域由东部向中部地区过渡。

4.3.4 空间等级性

根据计算得到的2004～2014年旅游供需耦合协调度，结合耦合协调水平划分标准，对空间等级性进行评定。从总体上看，2004～2014年中国旅游供需耦合协调度平均值为0.519，处于中级发展阶段，耦合协调等级为勉强协调。

再从历年各省域旅游供需耦合协调度平均值来看，仅有广东D值为0.8120，为良好协调，处于高级发展阶段；北京、江苏、浙江、山东、上海5个省域大于0.6，为初级协调；辽宁、四川、福建、河南、湖北、湖南、河北、安徽、山西、云南10个省域在0.5～0.6之间，为勉强协调；黑龙江、重庆、广西、天津、山西、内蒙古、江西、新疆、吉林、贵州、海南在0.4～0.5之间，为濒临失调；甘肃、青海、西藏、宁夏在0.3～0.4之间，为轻度失调，处于耦合协调发展的低级阶段。

从各省域耦合协调等级历年演变来看，广东经历中级协调—低级协调—中级协调的过程，一直处于耦合协调的高级阶段，说明广东旅游供需系统前期的良性发展、正向促进产生的积累效应逐渐凸显并固化稳定，旅游供需达到了有序、和谐、共振的良性循环，系统内的序参量协同行为趋于优化，系统的耦合协调达到优质状态，并有可能向新的有序结构继续演化。北京经历中级协调—初级协调—中级协调—初级协调的循环演变，北京旅游供需耦合系统前期发展良好，两系统正向促进作用较为明显，而伴随着旅游需求系统的持续下降，旅游供给系统的不断提升，系统内的序参量协同行为趋于异化分裂状态，二者的有序协调共振状态被打破，系统耦合协调程度逐渐降低。江苏、浙江经历初级协调—中级协调—初级协调—中级协调演变，两系统前期良性正向促进积累效应已显现，系统由相互适应、相互促进的中级发展阶段跨入了共振有序的高级发展阶段。山东、上海、辽宁、四川、福建、河南、湖北、湖南、河北在研究期内表现较为稳定，山东、上海为初级协调，其余为勉强协调。安徽、陕西、云南、重庆经历了濒临失调—勉强协调的演变，两系统进入相互磨合与适应的中级发展阶段，二者相互促进、良性共生的协同趋势明显，系统向更高级阶段孕育。黑龙江、广西、天津、山西、内蒙古、江西、新疆、吉林、贵州、海南在研究期内耦合协调等级尚未提升，为濒临失调；甘肃历经由轻度失调—濒临失调的转变，这些地区旅游供需两系统的耦合协调发展由失调型向协调型过渡，旅游供需系统逐渐进入相互磨合阶段与适应阶段。青海、西藏、宁夏耦合协调等级为轻度失调，说明这些地区旅游供需两系统处于失调不和谐的、无序的低级发展阶段，但是从耦合协调度值的稳步增长，可以判断有序发展趋势已经在孕育之中。

4.4 本章小结

旅游需求和旅游供给作为旅游经济运行的两大要素，寻求二者之间的平衡，协调二者之间的关系意义重大。耦合协调模型恰好为旅游供需关系的研究提供一种行之有效的方法，清晰地认识目的地旅游供需发展存在的问题。以我国 31 个省、自治区、直辖市为基础，运用耦合协调模型，使用 HP 滤波分析法、空间自相关、标准差椭圆及重心法等对旅游需求系统、旅游供给系统和旅游供需耦合协调的时间和空间等纵向的、外部化的特征进行全面分析与综合诊断。得出的结论如下。

（1）旅游需求、旅游供给系统综合评价指数在波动变化中呈现出明显的上升趋势。旅游需求、供给系统综合评价指数偏低，两系统内部均存在明显的两极差异。东部、中部、西部旅游需求和旅游供给系统发展水平呈现阶梯状差异分布，旅游需求和旅游供给两大系统呈现显著相关关系，旅游供给滞后为历史特征，旅游需求滞后渐显扩大。

（2）旅游供需耦合协调度数处于中等位置，耦合协调度存在着两极化现象，但两极差异逐渐减小。耦合协调发展趋势显著，在剔除特殊年份波动性差异下，总体上表现为绝对的上升态势。旅游供需耦合协调变化表现出三个波动周期，每一次周期性波动均表现为先升后降的特点。

（3）旅游供需耦合协调发展呈现出鲜明的空间地带性。东部地区旅游供需耦合协调度遥遥领先、中部地区逐渐崛起、西部地区快速发展，具有很大的提升空间。三大地带的旅游供需耦合协调度在发展水平上存在较大差距，在发展趋势上表现为较为一致的增长态势。

（4）旅游供需耦合协调发展在空间上形成高值区、次高值区、次低值区、低值区聚集区。高值区 6 个省域连点呈线、沿东南沿海地区北上，呈倒 U 形分布格局。次高值区省域由最初的零散分布，演变为围绕高值区紧密布局。次低值区域的空间聚集由最初的片状、中期的带状到后期的零星分布。低值区的 5 个省域形成僵局，较为固定。

（5）旅游供需耦合协调在空间分布更加离散，省域间耦合协调差异逐渐缩小。耦合协调度高值区沿着东北—西南方向分布，高值区在空间分上逐渐缩小，越发集中；低值区在空间分布上越发分散，向心性减弱。旅游供需耦合协调发展的良好区域由东部向中部地区过渡。

综上所述，中国旅游需求和旅游供给系统及其耦合协调发展中存在若干问题。旅游需求、旅游供给系统及两系统耦合协调发展水平偏低，稳定性不足，差异性较强，空间不够均衡，有待于进一步认识与巩固发展。

5 中国旅游供需耦合协调的结构特征

旅游供需耦合协调的研究不仅要从纵向层面进行深入剖析，同时也要从横向截面进行细致讨论。上一章是从纵向层面对旅游供需耦合协调的外部化表象特征探讨。结构特征用来描述旅游需求和旅游供给子系统耦合协调发展的均衡差异、水平差异、空间差异及嬗变。揭示旅游供需耦合协调的内部要素的构成和相互关系，涉及旅游供需耦合协调内部子系统的配置比例、配置方式、配置效率等方面问题。旅游供需耦合协调的结构特征从旅游需求和旅游供给各子系统之间的关系入手，逐一分析旅游需求和旅游吸引物子系统、旅游交通子系统、旅游服务子系统、旅游环境子系统之间的发展特点和演变规律。利用 HP 滤波分析法探讨其时序变化的趋势性和周期波动性，利用空间分析方法揭示其空间分布方向性、集聚性、演变性和等级性，从内部上、从本质上对旅游供需耦合协调发展进行探讨，全方位、多角度地探讨。一方面，认清旅游供需和旅游供给各子系统的内部结构发展情况；另一方面，找寻目的地旅游供给内部存在的问题，以明晰对旅游供给结构及旅游供需关系的有效调整。

5.1 旅游需求和旅游供给子系统耦合协调的总体特征

根据式（3-7）、式（3-8）对旅游供给系统内部的原始数据进行标准化处理，利用熵值赋权法计算旅游供给各子系统内部各指标的权重。借助综合功效函数模型，得到旅游供给各子系统综合评价指数。借助上文计算得到的旅游需求系统综合评价值 u_1，计算旅游需求和旅游吸引物子系统、旅游交通子系统、旅游服务子系统、旅游环境子系统的耦合协调度值 D_1、D_2、D_3、D_4。

5.1.1 总体水平分析

基于 2004 ~ 2014 年旅游需求和旅游供给各子系统综合评价指数值，利用耦合协调模型，计算得到各年度 31 个省域旅游需求和旅游供给各子系统的耦合协调度，其统计特征见表 5-1。

旅游需求和旅游吸引物子系统耦合协调度 D_1 的整体发展情况为，$0 \leqslant D_1 < 0.3$ 的数据 33 个，占总数的 9.67%；$0.3 \leqslant D_1 < 0.5$ 的数据 161 个，占总数的 47.21%，$0.5 \leqslant D_1 < 0.7$ 的数据有 117 个，占总数的 34.31%；$0.7 \leqslant D_1 < 1$ 的数据 30 个，占总数的 9.65%。不同等级的 D_1 差异较大，两边小，中间多，呈现出

正态分布状态。偏态系数极小，仅为0.028。平均值为0.4715，低于平均值的个数为53.67%，大多围绕众数0.442周围，众数略小于平均值，D_1 处于中等位置。最大值由2004年的0.8018逐渐攀升到2014年的0.8353，最大值大多集中在北京、上海、江苏、山东、广东等省域。最小值徘徊在0.18～0.22之间，最小值在较大的波动变化中缓慢增长，主要集中在西藏、青海、宁夏等西部省域。进一步观察最大值与最小值之差，2004年极差为0.6169，到2014年极差增大到0.6354。旅游需求和旅游吸引物子系统耦合协调度在我国不同省域发展中存在着差异，表现出较为明显的两极分化状态，且两极差异的情况在研究期内尚未得到改善与好转。标准差均在0.13～0.14水平上徘徊，标准差值变化较小，旅游需求和旅游吸引物子系统的耦合协调度值分布的离散度较小。

表5-1　中国旅游需求和旅游供给子系统耦合协调度

年份	D_1					D_2				
	最大值	最小值	中位数	平均值	标准差	最大值	最小值	中位数	平均值	标准差
2004	0.8018	0.1849	0.4395	0.4534	0.1486	0.7332	0.1889	0.4194	0.4422	0.1147
2005	0.8069	0.1883	0.4401	0.4585	0.1442	0.7560	0.2412	0.4579	0.4824	0.1133
2006	0.8075	0.1917	0.4550	0.4707	0.1463	0.7361	0.2676	0.4493	0.4713	0.1140
2007	0.8014	0.1996	0.4478	0.4604	0.1463	0.7612	0.2655	0.4490	0.4774	0.1150
2008	0.7798	0.1911	0.4641	0.4698	0.1433	0.7762	0.2786	0.4334	0.4478	0.1159
2009	0.7632	0.1956	0.4569	0.4707	0.1394	0.7832	0.2930	0.4504	0.4563	0.1140
2010	0.7995	0.2133	0.4616	0.4722	0.1402	0.7801	0.3090	0.4552	0.4638	0.1069
2011	0.8072	0.1959	0.4730	0.4740	0.1464	0.7850	0.2417	0.4557	0.4594	0.1129
2012	0.8291	0.2093	0.4756	0.4857	0.1435	0.8015	0.2358	0.4739	0.4741	0.1165
2013	0.8293	0.1900	0.4759	0.4796	0.1482	0.7923	0.1901	0.4906	0.4827	0.1191
2014	0.8353	0.1990	0.4963	0.4911	0.1483	0.8025	0.1967	0.4814	0.4875	0.1216

年份	D_3					D_4				
	最大值	最小值	中位数	平均值	标准差	最大值	最小值	中位数	平均值	标准差
2004	0.7770	0.1872	0.4043	0.4156	0.1417	0.7542	0.3154	0.4524	0.4888	0.1151
2005	0.7712	0.1885	0.4272	0.4217	0.1341	0.7390	0.3279	0.4686	0.4939	0.1115
2006	0.7860	0.1852	0.4179	0.4270	0.1386	0.7153	0.3176	0.4479	0.4792	0.1139
2007	0.7577	0.1758	0.3927	0.4120	0.1322	0.7116	0.3249	0.4535	0.4795	0.1118
2008	0.7622	0.1607	0.4023	0.4192	0.1349	0.7214	0.3291	0.4700	0.4874	0.1100
2009	0.8323	0.1927	0.4425	0.4566	0.1464	0.7243	0.3230	0.4795	0.4977	0.1061
2010	0.8295	0.1751	0.4421	0.4513	0.1440	0.7177	0.3152	0.4780	0.4958	0.1071
2011	0.7842	0.1810	0.4140	0.4282	0.1350	0.7048	0.2777	0.4833	0.4893	0.0991
2012	0.8012	0.1800	0.4346	0.4364	0.1385	0.7097	0.2875	0.4927	0.4970	0.1053
2013	0.7943	0.1754	0.4219	0.4273	0.1362	0.7146	0.3016	0.5059	0.5039	0.1023
2014	0.8066	0.1738	0.4449	0.4403	0.1375	0.6931	0.3188	0.4987	0.4996	0.989

旅游需求和旅游交通子系统耦合协调度 D_2 整体发展情况为，$0 \leqslant D_2 < 0.3$ 的数据13个，占总数的3.81%；$0.3 \leqslant D_2 < 0.5$ 的数据223个，占总数的71.70%；$0.5 \leqslant D_2 < 0.7$ 的数据91个，占总数的26.69%；$0.7 \leqslant D_2 < 1$ 的数据14个，占总数的4.11%。各级别 D_2 差异较大，两边小，中间多，呈现出正偏态分布，偏态系数为0.1515，为左偏态分布。平均值为0.4677，低于平均值的个数为56.5%，大多围绕众数0.383周围，众数远低于平均值，D_2 发展水平较低。从历年最大值来看，最大值由2004年的0.8018逐渐攀升到2014年的0.8353，最大值地区集中在北京、上海、江苏、山东、广东等省域。最小值徘徊在0.18~0.30之间，最小值在剧烈波动中呈现出增大态势，集中分布在西藏、青海、宁夏等西部省域。进一步观察最大值与最小值之差，2004年极差为0.4388，2014年极差增大到0.6058。旅游需求和旅游交通子系统耦合协调度在我国不同省域发展中存在着较大差异，表现出较为明显的两极分化状态，且两极差异程度逐渐增强。从标准差来看，标准差在0.09~0.12水平上徘徊，标准差值高于 D_1，旅游需求和旅游交通子系统的耦合协调度值分布相对离散。

旅游需求和旅游服务子系统耦合协调度 D_3 整体发展情况为，$0 \leqslant D_3 < 0.3$ 的数据55个，占总数的16.13%；$0.3 \leqslant D_3 < 0.5$ 的数据196个，占总数的57.47%；$0.5 \leqslant D_3 < 0.7$ 的数据79个，占总数的23.17%；$0.7 \leqslant D_3 < 1$ 的数据为11个，占总数的3.23%。73.6%以上数据介于0.5以下，仅有26.4%数据处于0.5以上。各级别的旅游供需耦合协调差异较大，两边小，中间多，呈现出明显的左偏态分布状态。平均值为0.4305，有51.6%的数值低于平均值，大多围绕众数0.422分布，耦合协调发展水平较低。最大值由2004年的0.777振动式增加到2014年的0.8066，而最小值由2004年的0.1872波动式下降到2014年的0.1738。最大值增大，最小值减小，极差由2004年的0.5898增到2014年的0.6194。标准差在0.13~0.15水平上徘徊，且逐渐减小。一系列变化说明 D_3 在我国不同省域发展中存在着差异，表现出较为明显的两极分化状态，且两极差异程度逐渐增强。D_3 集中分布在平均值以下，且越发呈现出离散状态。

旅游需求和旅游环境子系统耦合协调度 D_4 整体发展情况为，$0 \leqslant D_4 < 0.3$ 的数据2个，占总数的0.587%；$0.3 \leqslant D_4 < 0.5$ 的数据215个，占总数的63.05%；$0.5 \leqslant D_4 < 0.7$ 的数据106个，占总数的31.09%；$0.7 \leqslant D_4 < 1$ 的数据18个，占总数的5.28%。有63.64%数值在0.5以下，有36.36%数值在0.5以上。各级差异较大，两边小，中间多，左偏态分布。平均值为0.4920，低于平均值个数为58.06%，大多围绕众数0.4483分布，耦合协调的发展水平处于中等水平。最大值由2004年的0.7542一路下降到2014年的0.6913，最小值由2004年的0.3154先下降后上升至2014年的0.3188。最大值减小，最小值增大，极差由2004年的0.4388降到2014年的0.3725。标准差在0.1上下徘徊，且逐渐减小。以上变化

说明 D_4 在我国不同省域发展中存在着微弱的两极差距，两极差异程度逐渐缩小，各地区分布趋同趋势逐渐明朗。

5.1.2　比较分析

在分析旅游需求和旅游供给子系统耦合协调的发展水平基础上，对旅游需求和旅游吸引物子系统、旅游交通子系统、旅游服务子系统、旅游环境子系统的耦合协调度进行比较分析，如图 5-1 所示，以明晰各子系统在耦合协调发展中发挥的作用。

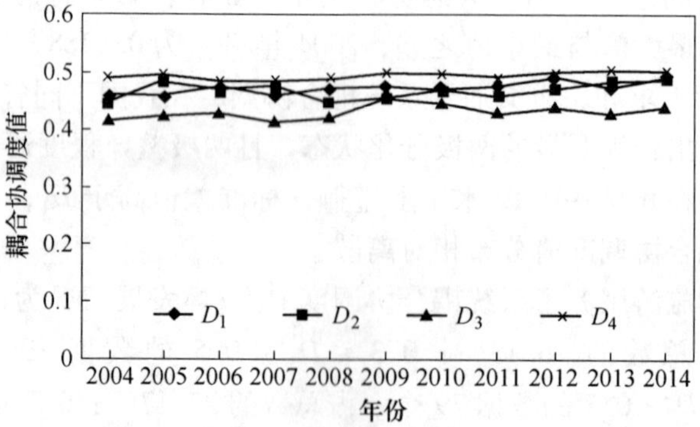

图 5-1　中国旅游需求和旅游供给子系统耦合协调度变化趋势图

2004 ~ 2014 年旅游需求和旅游吸引物子系统、旅游交通子系统、旅游服务子系统、旅游环境子系统的耦合协调度 D_1、D_2、D_3、D_4 平均值分为别 0. 4715、0. 4677、0. 4305、0. 4920，平均值 $D_4 > D_1 > D_2 > D_3$，旅游需求和旅游供给各子系统耦合协调度差异明显。

（1）旅游需求和旅游环境子系统的耦合协调度 D_4 一直居于领先地位，显露出稳定的发展态势。2004 年 D_1、D_2、D_3、D_4 分别为 0. 4534、0. 4422、0. 4155、0. 4888，D_4 远大于 D_1、D_2、D_3，2009 年 D_4 达到 0. 4977，2013 年为 0. 5039，2014 年为 0. 4996，D_4 处于稳定的领先地位和优势。

（2）旅游需求和旅游服务子系统耦合协调度值 D_3 一直处于末位，2004 ~ 2008 年在 0. 41 ~ 0. 412 低水平上徘徊，2009 年为 0. 4566，达到历史时期最高值，但此后又迅速下降，在 0. 42 ~ 0. 43 水平上变化，在研究期内均处于最低水平和最末端位置，且变化剧烈，稳定性弱。

（3）旅游需求和旅游吸引物子系统、旅游交通子系统耦合协调度 D_1、D_2 交替变化，D_1 略胜一筹。2005 年、2006 年、2007 年、2013 年 D_2 呈现微弱优势，其他年份 D_1 则明显高于 D_2，2014 年 D_1 达到 0. 4911，较最高值 D_4 的 0. 4996 差距较小，D_1 尚且具有一定优势，而 D_2 发展相对缓慢。

上述对比分析得知，旅游需求和旅游供给各子系统耦合协调强度存在差异，旅游需求和旅游环境、旅游吸引物、旅游交通、旅游服务子系统的耦合协调作用强度依次减弱。各子系统在目的地旅游供给整体系统中所发挥的功能和作用存在差别，其发挥的作用越大，与旅游需求的契合性越好，耦合协调作用强度也会越大。但值得乐观的是，旅游需求和旅游供给各子系统的耦合协调度之间存在的差异呈现出减小态势，这说明耦合协调互动不仅存在于旅游需求和目的地各子系统之间，也存在于目的地各子系统之间。各子系统之间的耦合互动和协同作用，不仅使旅游需求和旅游供给各子系统的和谐性得以提升，也使目的地整个系统的和谐性提高。旅游需求和旅游供给各子系统之间的耦合互动作用和协调作用，逐渐提高了系统和谐性，耦合协调度在波动中不断提升，现阶段耦合协调关系处于中级协调状态。

5.2 旅游需求和旅游供给各子系统耦合协调的时序演变

借助 HP 滤波对旅游需求和旅游供给各子系统耦合协调度的变化趋势和变化周期演变进行分析。HP 滤波分析中，选取 $\lambda = 100$，使用 Eviews 软件将耦合协调度的时间序列分解为长期趋势序列和短期波动周期序列，得到的分解结果如图 5-2 所示。实线数据为趋势要素序列 T，虚线数据为周期性序列数据 Y，见表 5-2。

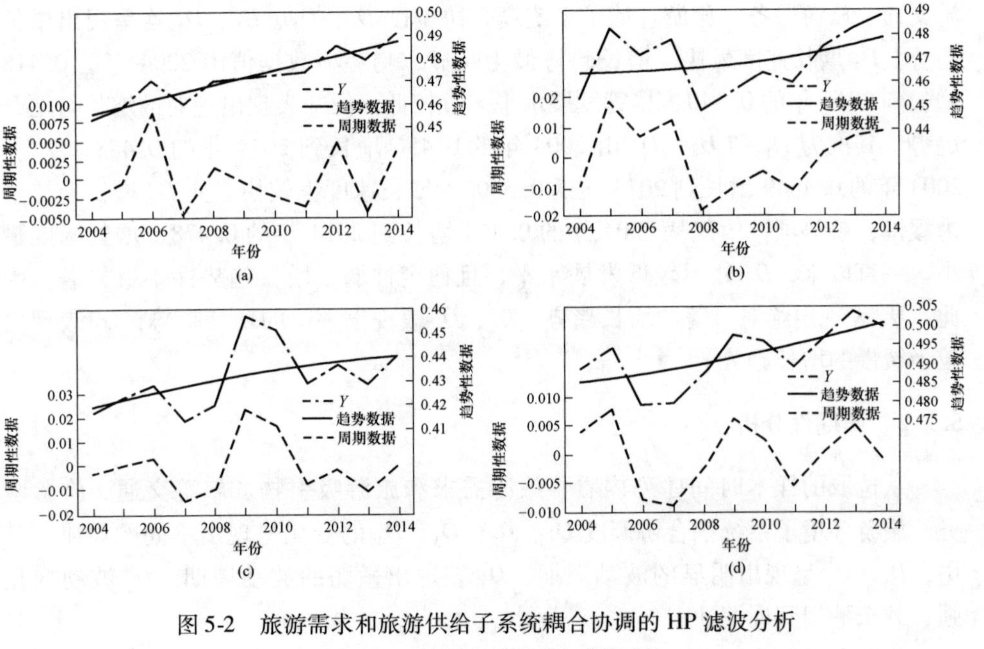

图 5-2 旅游需求和旅游供给子系统耦合协调的 HP 滤波分析

(a) D_1；(b) D_2；(c) D_3；(d) D_4

表 5-2 旅游需求和旅游供给各子系统耦合协调度 HP 滤波分解结果

年份	D_1		D_2		D_3		D_4	
	趋势	周期	趋势	周期	趋势	周期	趋势	周期
2004	0. 456	-0. 0024	0. 463	-0. 01	0. 418	-0. 003	0. 4849	0. 039
2005	0. 459	-0. 0004	0. 464	0. 018	0. 420	0. 001	0. 4860	0. 079
2006	0. 462	0. 0086	0. 465	0. 07	0. 424	0. 003	0. 4871	-0. 079
2007	0. 465	-0. 0047	0. 465	0. 012	0. 427	-0. 015	0. 4884	-0. 089
2008	0. 468	0. 0016	0. 466	-0. 018	0. 429	-0. 010	0. 4899	-0. 0025
2009	0. 471	-0. 0006	0. 468	-0. 011	0. 432	0. 025	0. 4915	0. 0062
2010	0. 474	-0. 0022	0. 469	-0. 005	0. 434	0. 017	0. 4932	0. 0026
2011	0. 478	-0. 0036	0. 470	-0. 011	0. 436	-0. 007	0. 4950	-0. 0057
2012	0. 481	0. 0048	0. 473	0. 01	0. 437	-0. 001	0. 4968	0. 0002
2013	0. 484	-0. 0046	0. 476	0. 07	0. 438	-0. 011	0. 4987	0. 0052
2014	0. 488	0. 0036	0. 478	0. 09	0. 440	0. 000	0. 5006	-0. 001

5. 2. 1 趋势性分析

从图 5-2、表 5-2 趋势性变化曲线及数值可知，旅游需求和旅游吸引物、旅游交通、旅游服务、旅游环境子系统耦合协调度 D_1、D_2、D_3、D_4 均呈现出增长趋势。D_3 增长速度最快、增长趋势最为明显，趋势项数据值由 2004 年的 0. 418 增长到 2014 年的 0. 440，尽管发展水平一直较低，但却表现出绝对的增长与上升趋势。其次为 D_1 和 D_4，D_1 由 2004 年的 0. 456 增长到 2014 年的 0. 488，D_4 由 2004 年的 0. 4849 增长到 2014 年的 0. 5006，增长速度也较快。而 D_2 增长趋势最为缓慢，趋势项数值仅从 2004 年的 0. 463 增长到 2014 年的 0. 478，增长幅度最小。一直以来，D_2 处于较低发展水平，且稳定性弱，增长趋势性不够显著。因此，D_3 表现出绝对显著的增长趋势，D_1、D_4 表现出一定的增长趋势，D_2 表现出较为缓慢的增长趋势。

5. 2. 2 周期性分析

从选取的样本时间序列内看，旅游需求和旅游吸引物、旅游交通、旅游服务、旅游环境子系统耦合协调度 D_1、D_2、D_3、D_4 的变化呈现出不同的规律。其中，D_1、D_4 呈现出明显的波动周期，D_3 表现出微弱的波动周期，D_2 波动变化强，并未捕捉到周期性。

旅游需求和旅游吸引物子系统耦合协调度 D_1 时间演变按照“谷 - 谷”划分

法，共经历3次波动周期，每一周期内均为先升后降的特点。以四个较低峰谷值为分水岭，第一周期，D_1 周期性序列数据范围为 -0.0024 ~ -0.0047 之间，所跨时间纬度为2004~2007年。2004年旅游需求、旅游核心供给子系统的综合评价指数值均较低，导致2004年 D_1 也很低。2006年旅游需求、旅游吸引物供给子系统综合评价指数分别为0.355、0.3153，尽管发展水平不高，但旅游供需处于同一发展频率上，达到较好的耦合协调发展状态。2007年一些基础指标下降导致旅游供给子系统综合评价指数跌落到0.3以下，D_1 自然也很低。第二周期 D_1 周期性序列数据范围为 -0.047 ~ -0.036，时间跨度为2007~2011年，此间在2008年达到峰值，2008年受特殊事件影响，旅游需求系统综合评价指数变化不大，旅游吸引物子系统综合评价指数大幅度提高，旅游供需达到耦合协调。2011年旅游需求综合评价指数较上年下降，旅游吸引物子系统综合评价指数所有上升，耦合协调值稍有下降但幅度不大。第三周期 D_1 周期性序列数据为 -0.0036 ~ -0.0046，时间为2011~2013年，2012年高旅游需求系统综合评价指数、较高的旅游吸引物子系统综合评价指数，造就了高耦合协调度。2013年旅游需求系统综合评价指数明显下降，导致旅游供需耦合协调度下滑。2014年，旅游需求和旅游吸引物子系统综合评价指数达到历史最高水平，分别为0.3807、0.3453，耦合协调度也提升到历史最高水平。因此，D_1 呈现出一定的周期性和规律性，波动周期逐渐缩短，在波动变化中耦合协调度不断上升。

旅游需求和旅游交通子系统耦合协调度 D_2 时间演变并未呈现出周期性。不论是从图5-2，还是表5-2周期性序列数据都不能找寻出变化规律。进一步验证旅游需求和旅游交通子系统综合评价指数，得知旅游交通子系统综合评价指数在2004~2014年间变化剧烈，历经数次升降涨落，稳定性极弱、波动性极强，与旅游需求的契合度也弱，二者在复杂的耦合协调变化中尚未达到有规律的共振。

旅游需求和旅游服务子系统耦合协调 D_3 时间演变可以按照“谷-谷”划分法，勉强划分为3个波动周期，每一个波动周期内均为反复升降变化。第一周期序列数据为 -0.003 ~ -0.015，时间跨度从2004~2007年。2004年旅游需求综合评价指数0.3384，旅游服务子系统综合评价指数处于历史较低水平0.2225，故耦合协调水平较低。2006年旅游需求、旅游服务子系统综合评价指数分别为0.3550、0.2320，耦合协调度为第一周期的波动高峰。2007年旅游需求综合评价指数基本无变化，而旅游服务子系统综合评价指数大幅下降，耦合协调度值达到历史最低水平。第二周期序列数据为 -0.015 ~ -0.007，时间跨度为2007~2011年。自2007年后旅游需求综合评价指数升降变化明显，而旅游服务子系统综合评价指数先升后降，2009年二者分别为0.3556、0.2893，耦合协调度达到历史最高点；2011年耦合协调度再次跌落。第二周期序列数据为 -0.007 ~ -0.011，时间跨度为 2011～2013 年，同时把 2014 年也划分到该时间段。2012 年耦合协调度达到该周期的高峰。第二周期比第一、第三周期的耦合协调值高，但旅游服务子系统综合评价值和耦合协调度 D_3 总体上较低，且是旅游供给系统内部最低者，尽管在时间演变上呈现微弱的波动周期，但实际上二者在较低水平上波动发展，尚未实现突破。旅游需求和旅游服务子系统的关系问题是旅游供需不平衡发展的症结。

旅游需求和旅游环境子系统耦合协调度 D_4 时间演变按照“谷－谷”划分法，分为三个阶段。第一周期序列数据为 0.039～－0.089，时间跨度为 2004～2007 年。2004 年为低旅游需求、高旅游环境供给，低耦合协调度；2007 年恰好相反而结果相似，高旅游需求、低旅游环境供给，低耦合协调度。第二周期序列数据为－0.089～－0.0057，时间跨度为 2007～2011 年。2009 年旅游需求、旅游环境子系统综合评价指数分别为 0.3556、0.3406，耦合协调度较高。2011 年旅游环境子系统综合评价指数下降明显，耦合协调度也大幅下降。第三周期序列数据为－0.0057～－0.001，时间跨度为 2011～2014 年。2013 年旅游需求、旅游环境子系统综合评价指数分别为 0.351、0.356，二者达到历史时期的耦合协调度的最好状态。2014 年耦合协调度有所下降。总体上看，旅游需求和旅游环境子系统耦合协调演变呈现明显的波动周期，耦合协调度处在较高的发展水平上，且在波动中缓慢增长，稳步发展。

旅游需求和旅游供给各子系统耦合协调发展表现出不同的演变周期。从上述分析可以总结出，旅游需求和旅游环境子系统、旅游吸引物子系统耦合协调程度最好，波动周期性较为明显，波动振幅逐渐缩小，波动时间逐渐缩短，波动周期的演变趋于稳定。旅游需求和旅游交通子系统耦合协调较低，变化剧烈，并未呈现出一定的周期性，但从中不难发现，旅游交通子系统在震荡过程中孕育着新的发展潜能，为向好的方向转化积蓄能力。旅游需求和旅游服务子系统耦合协调强度最低，在时间序列上表现出微弱的规律性，而旅游需求和旅游服务子系统一直稳定地僵持在较低的发展阶段，尚未实现突破，且发展态势并不明朗。因此，目的地旅游供给存在供需不均衡，结构性失衡问题。旅游服务、旅游交通子系统是旅游供给中的短板与弱项，旅游需求和旅游服务、旅游交通子系统的低耦合协调性也大大影响了旅游供需系统的平衡，是旅游供需耦合协调发展的症结。

5.3　旅游需求和旅游供给子系统耦合协调的空间特征

5.3.1　旅游需求和旅游供给子系统耦合协调的空间地带性

以中国三大经济地区作为空间地带性的划分标准，对比各地带旅游需求和旅游供给各子系统耦合协调度的差异。2004～2014 年，旅游需求和旅游供给各子系统耦合协调分布在空间上呈现出明显的阶梯差异，各空间地带内部又呈现出明显的等级差异，如图 5-3 所示。

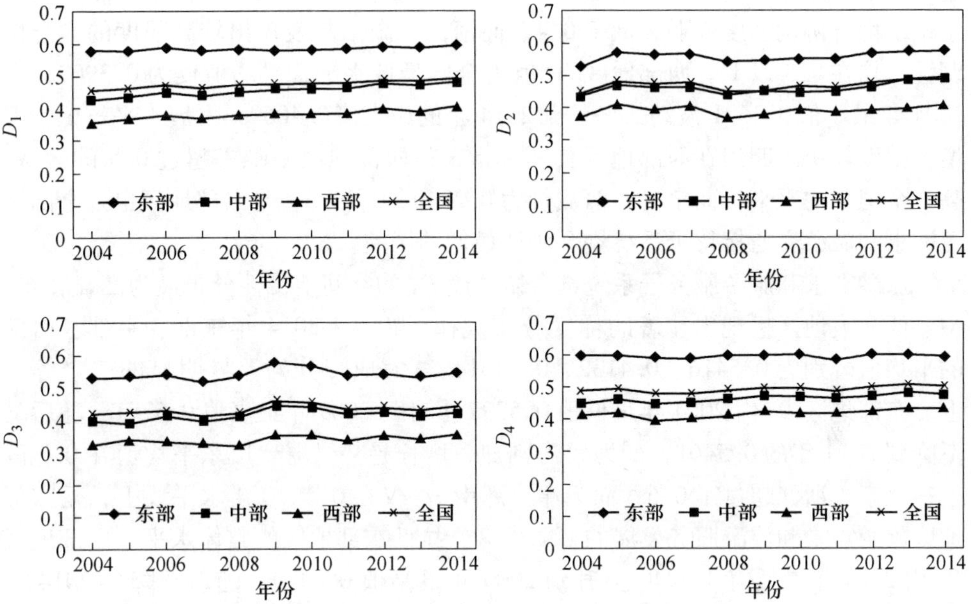

图 5-3 旅游需求和旅游供给子系统耦合协调的空间地带性

旅游需求和旅游吸引物子系统耦合协调度 D_1 空间地带性特征显著，东部、中部、西部三大地区阶梯状分布明显。2004 ~ 2014 年东部地区 D_1 均在 0.5775 以上，增长态势明显，2014 年达到最大 0.5948。除河北、天津、海南外均在 0.5 以上，广东处于绝对的领先优势，达到 0.8055；江苏表现出明显优势，达到 0.7163；北京、浙江、山东超过 0.6，显示了旅游需求和旅游吸引物子系统互动发展良好，东部地区也成为我国旅游需求和旅游吸引物子系统耦合协调性最好的区域。中部地区 D_1 远低于东部地区和全国平均水平，水平低但增长速度快。自 2004 年的 0.4273 持续增长到 2014 年达到最高点 0.4802。河南、湖北在 0.5 以上，是中部地区发展最好区域，但远低于东部地区。西部地区 D_1 为全国最低水平，平均值为 0.3801。由 2004 年的最小值 0.3570 持续增长到 2014 年达到最大值 0.4032，展示了较好的发展趋势。四川在西部地区独占鳌头，达到 0.5199，高于全国平均水平。而西藏、宁夏、青海分别为 0.2090、0.2095、0.2455，是西部，也是全国旅游需求和旅游吸引物子系统耦合协调最低的区域。

旅游需求和旅游交通子系统耦合协调度 D_2 呈现更为明显的空间梯度差异，沿东、中、西三大地区呈阶梯状分布。2004 ~ 2014 年东部地区达到 0.5572，最高年份 2014 年达到 0.5740，上升态势明显。除河北、天津、海南均在 0.5 以上；广东、北京、浙江超过 0.6，具有明显的发展优势。中部地区 D_2 平均值仅为

0.4602，由2004年最低值0.4361增长到2014年达到最高值0.4895，总体上看远低于东部地区和全国平均水平。其中，中部地区内江西的旅游需求和旅游交通子系统耦合协调强度最弱，低于0.4，而河南、湖南却表现出较高强度的耦合协调性，均在0.5以上。西部地区 D_2 值为全国最低水平，平均值仅为0.3907，由2004年最小值0.3691波动式增长到2014年的最大值0.4069，发展水平较低，但增长幅度较快。四川在西部地区首屈一指，是西部地区中唯一超过0.5的区域，高于全国平均水平；而宁夏、西藏仅为0.2840、0.2995，是西部地区也是全国旅游需求和旅游交通接待子系统耦合协调最低的区域。

旅游需求和旅游服务子系统耦合协调度 D_3 的空间地带性分布最为凸显，东、中、西三大地区呈现出显著的梯度分布规律。2004～2014年东部、中部、西部的平均值分别为0.5416、0.4132、0.3401，三大地带分处差异明显的三个等级上。东部地区 D_3 由2004年最低值0.5297上升到2009年最高值0.5771，随后又下降到2014年的0.5461，变为较为剧烈，增长趋势微弱。广东平均值在0.7以上；北京、浙江超过了0.6；而天津、海南 D_3 仅在0.3～0.4水平线上，是东部地区旅游需求和旅游服务发展的薄弱地区，拉低东部地区的整体水平。中部地区 D_3 由2004年最低值0.3940上升到2009年最高值0.4449，随后下降到2014年0.4207，水平较低且增长势头不够明显。吉林、黑龙江分别为0.2943、0.3728，是中部地区最低区域；其他区域均匀分布在中等水平上，高值区域尚不凸显。西部地区 D_3 为全国最低水平，仅为0.3401。由2004年0.3252波动式增长到2014年最大值0.3564，呈现一定增长态势。西部地区12个省域中，超过0.4的仅有5个，四川达到0.5381，带动了西部地区的发展。而其余7个省域均在0.4以下，西藏仅为0.1796、青海为0.2007、宁夏为0.2056，是旅游需求和旅游服务子系统耦合协调最低区域，同时也是旅游需求和旅游供给各子系统耦合协调度最低的环节。

旅游需求和旅游环境子系统耦合协调度 D_4 的空间地带性分布明显，东、中、西部梯状分布差异更加强烈。2004～2014年东、中、西部的平均值分别为0.6000、0.4630、0.4178，东部地区远高于中西部地区和全国平均水平。东部地区 D_4 一直在0.59～0.61之间浮动，水平较高且呈现出增长趋势。东部地区中有6个省域 D_4 平均值在0.6以上，广东甚至达到了0.7204；相比较之下，海南仅为0.4，是东部地区旅游需求和旅游环境子系统耦合协调发展的劣势地区。中部地区 D_4 平均值由2004年的0.4485逐渐增长到2014年的最高值0.4764，增长态势较为明显。分布较为均匀，仅有河南超过额0.5，其余地区均在0.4～0.5之间，表现出较为一致的发展特点。西部地区 D_4 由2004年的0.4140增长到2014年的0.4347。四川超过0.5；而贵州、西藏、甘肃、青海、宁夏、新疆均在0.3～0.4之间。从纵向比较上看，西部地区 D_4 远不如中部、东部地区高；但从横向比较上看，西部地区旅游需求和旅游供给各子系统中耦合协调度最高的部分是 D_4。

5.3.2 旅游需求和旅游供给子系统耦合协调的空间聚集性

5.3.2.1 旅游需求和旅游吸引物子系统

利用 Arcgis 软件自然断裂法，将各省域历年旅游需求和旅游吸引物、旅游交通、旅游服务、旅游环境子系统的耦合协调度 D_1、D_2、D_3、D_4 划分为高值区、次高值区、次低值区、低值区 4 个等级。我国旅游需求和旅游吸引物子系统耦合协调度在省域分布上表现出较为明显的空间差异，高值区、次高值区在空间逐渐聚集，由聚集点逐渐连成聚集轴线，进而形成聚集面状区域。2004 年 D_1 位于高值区的有北京、山东、上海、江苏、浙江、广东；位于次高值区的仅有辽宁、四川，次高值区和高值区在空间分布上为 5 个零散的聚集点。而次低值区和低值区则连线成片布局，2004 年大部分省域分布在次低值区和低值区。2008 年辽宁、湖南、福建、云南、河南由次低值区进入次高值区，次高值区和高值区由点状分布逐渐演化为轴带分布。2014 年河北、天津、陕西、湖北、安徽等纷纷进入次高值区，高值区分布在东南沿海，次高值区沿高值区紧密布局，高值区和次高值区在空间上呈现轴线分布，呈倒 V 字分布格局。次低值区数量已有所减少，在空间分布上由面状减弱为带状分布；低值区为零星分布。

5.3.2.2 旅游需求和旅游交通子系统

我国旅游需求和旅游交通子系统耦合协调度 D_2 在省域空间分布上表现出更大的差异，高值区和次高值区的省域在空间分布上表现随机性，或者说是空间零散的点轴分布状态；而次低值区和低值区在空间上则表现出了面状聚集。2004 年进入高值区的仅有北京、浙江、广东 3 个省域，在空间上形成三足鼎立的散点分布状态。进入次高值区的有辽宁、山东、江苏、上海、四川 5 个省域，高值区和次高值区在空间以点和轴线布局为主。而其他 23 个省域呈轴线和面状分布。2008 年旅游需求和旅游交通耦合协调程度更为恶化。高值区和次高值区仅剩北京、广东、辽宁、山东、江苏、上海、浙江 7 个省域。此后，伴随我国交通运输系统的不断改革，航班数量不断增多，高铁时代的全面建设与运行，城市公共交通的不断完善，旅游交通子系统综合评价值不断提高，旅游需求和旅游交通子系统耦合协调性也逐渐有所增强。到 2014 年，已有北京、山东、江苏、上海、浙江、广东 6 个省域进入高值区，辽宁、河南、安徽、湖北、湖南、四川 6 个省域进入次高值区，这些地区在空间布局上由聚集点逐渐连成轴线，以北京、上海、广东为中心的环渤海地区、长三角地区、珠三角地区，成为我国旅游交通的主要枢纽地，也成为我国旅游需求和旅游交通子系统耦合协调最好的区域。其他处于东北、西部、西南的广大地区在旅游需求和旅游交通子系统发展中存在若干问题，或是旅游交通子系统发展滞后、或是旅游交通子系统闲置，均无法和旅游需求实现共频。

5.3.2.3　旅游需求和旅游服务子系统

我国旅游需求和旅游服务子系统耦合协调度 D_3 在省域空间分布上表现出最强烈的差异，高值区和次高值区的省域在空间表现出零星存在与随机分布特点；而次低值区和低值区的省域在空间上则表现出了大范围的面状聚集。旅游需求和旅游服务子系统在空间分布上的聚集性、不均衡性、差异性是旅游需求和旅游供给各子系统耦合协调发展中最强烈的一个。2004 年仅北京、广东一南一北两省域进入高值区；辽宁、山东、江苏、上海、浙江、四川 6 个省域进入次高值区；西藏、甘肃、青海、宁夏、内蒙古、贵州、吉林 7 个省域处于低值区。由此可见，我国旅游需求和旅游服务子系统耦合协调低值区聚集显著，全国发展差异巨大，分布极不均衡。2008 年情况有所好转，处于低值区的省域有 4 个，其余 3 个纷纷进入次低值区；而位于次高值区和高值区的省域加入了福建。2011 年后，空间分布演变较为缓慢、分布聚集性尚未得到明显改善。2014 年共有北京、山东、江苏、广东 4 个省域处在高值区；辽宁、湖北、四川位于次低值区；而西藏、青海、甘肃、吉林仍然处于低值区。高值区和次高值区在空间上以随机的聚集点状态分布，低值区和次低值区呈现面状布局。

5.3.2.4　旅游需求和旅游环境子系统

我国旅游需求和旅游环境子系统耦合协调度 D_4 在省域空间分布上的差异微弱，高值区、次高值区和低值区、次低值区各占据半壁江山，均表现出轴线与面状聚集分布状态。2004 年进入高值区的有北京、上海、江苏、浙江、广东 5 个省域；进入次低值区的有辽宁、天津、山东、四川、湖南、福建 6 个省域，高值区和次高值区在空间上形成轴线聚集状态，其余 20 个省域处于次低值区和低值区，呈面状分布。2008 年山东步入高值区、四川退出次高值区，高值区和次高值区沿东部沿海呈 S 形布局。2011 年河北进入次高值区、青海进入了低值区，这也是研究期内首次，也是唯一出现的低值区。2014 年高值区和次高值区范围继续扩大，加入了内蒙古、四川、湖北，总数共计 14 个；而其他 17 个省域隶属于次低值区。说明我国旅游需求和旅游环境子系统耦合协调发展的水平和程度较高，空间上差距较小，东西部差异较为微弱。

5.3.3　旅游需求和旅游供给子系统耦合协调的空间方向性和演变性

5.3.3.1　旅游需求和旅游吸引物子系统

2004 ~ 2014 年旅游需求和旅游吸引物子系统耦合协调发展的标准差椭圆及重心演变轨迹计算结果见表 5-3。

表 5-3 旅游需求和旅游吸引物子系统耦合协调标准差椭圆参数

年份	转角 θ/(°)	沿 y 轴标准差/km	沿 x 轴标准差/km	面积/万 km^2
2004	38.9803	1133.5372	999.5213	35592.2435
2005	38.2533	1130.9571	1000.1654	35534.1192
2006	36.9481	1119.4632	996.1655	35032.2879
2007	39.7884	1127.0665	998.6342	35357.6829
2008	45.3517	1133.8666	1010.3445	35987.7489
2009	43.4098	1134.5527	1004.2134	35791.3539
2010	42.2565	1131.3974	1013.3406	36016.2323
2011	40.8647	1125.3341	1012.4057	35790.1389
2012	44.9095	1121.5933	1013.2018	35699.1787
2013	39.4074	1122.3955	1001.1532	35264.6833
2014	39.3923	1137.5665	996.8721	35624.0649

从分布范围上看，最北端抵达内蒙古外侧界线、东北端处于辽宁中部、最南端位于两广北部、最西端直抵四川西部，涵盖我国环渤海、长三角及中部经济区，说明耦合协调的发展情况和我国经济发展情况较为吻合。从标准差椭圆面积来看分布趋势，2004～2014 年在剧烈变化中呈现增大趋势，说明旅游供需耦合协调度的分布范围更广、更为分散，省域间耦合协调度的差异逐渐缩小。从标准差椭圆转角上看分布方向，2004～2014 年转角 θ 度数变化剧烈，先增大后减小，映射在空间上，表现为沿东北—西南走向分布，逐渐向西部转向，这一转向趋势在 2008 年空前加强。从标准差椭圆长短轴来看分布形状，长半轴 y 标准差由 2004 年的 1133.5372 下降到 2006 年的 1119.4632，而后上升到 2014 年的 1137.5665；短半轴 x 由 2004 年的 999.5213 下降到 2014 年的 996.8721。长轴变长、短轴变短，长短轴之比（即扁率）逐年上升，说明标准差椭圆的东北—西南方向增强且扩展，而在东西方向上有所收缩，数据分布的向心性加强。

从重心看空间分布的演变性，各年份重心变化区间为 112.29°～112.99°E，33.24°～33.566°N，大致处于河南西南部，从 2004～2014 年重心轨迹走过一个东南—西北—东北—西南—东南的移动循环回归过程，前期和后期处于偏东的位置，中期向西部移动，说明旅游供需耦合协调度发展较好的地区逐渐由东部向中部地区过渡。

5.3.3.2 旅游需求和旅游交通子系统

2004～2014 年旅游需求和旅游交通子系统耦合协调发展的标准差椭圆以及重心演变轨迹计算结果见表 5-4。

表 5-4　旅游需求和旅游交通子系统耦合协调标准差椭圆参数

年份	转角 θ/(°)	沿 y 轴标准差/km	沿 x 轴标准差/km	面积/万 km²
2004	51.7171	1192.6272	1031.9891	38664.0665
2005	51.9433	1177.2940	1032.8582	38199.0868
2006	49.0690	1175.7966	1021.9761	37748.5209
2007	51.6767	1179.0161	1027.9345	38072.5966
2008	45.3905	1169.1072	1018.3536	37400.7120
2009	44.7687	1165.3493	1014.9397	37155.5457
2010	57.8590	1189.2116	1052.2358	39309.6876
2011	43.4172	1161.8993	1027.4569	37502.4145
2012	42.1284	1156.9003	1019.2180	37041.6758
2013	38.7713	1143.9943	1006.5164	36171.9625
2014	39.6973	1146.6715	1007.6534	36297.5494

旅游需求和旅游交通子系统耦合协调度的标准差椭圆分布范围和前者较为一致。从标准差椭圆面积来看，2004～2014 年标准差椭圆面积大幅度减小，说明耦合协调度全面降低，且由分散走向集中。从标准差椭圆转角上看，2004 年转角为 51.7171°，2009 年降至 44.7687°，2010 年达到最高值 57.8590°，2014 年降至 39.6973°，历经两次降升剧烈变化。投影在空间上，表明耦合协调度高值区沿东北—西南方向布局，且沿东—西—东的方向移动，2014 年标准差椭圆分布最为集中，位置偏东。从标准差椭圆长短轴来看，主半轴 y 由 2004 年的最大值 1192.6272，稳步下降到 2014 年的 1146.6715；短轴 x 由 2004 年的 1031.989 下降到 2014 年的 1007.6534。长短轴均变短，说明空间分布的东北—西南方向性有所减弱，数据分布的向心性加强，高值区的分布有收缩态势。一系列变化说明，2004～2014 年旅游需求和旅游交通子系统耦合协调度分布范围逐渐减小，由分散走向集中，差异性逐渐增强。分布的东北—西南方向有所减弱，且向东部逐渐位移，耦合协调度高值区向东部地区进一步集聚。

从重心演变轨迹来看，2004～2014 年重心坐标区间介于 112.326°～112.99°E，33.51°～33.913°N 之间，位于河南西南部。从 2004～2014 年重心走过一个东北—西北—东南的轨迹，总体向东部移动明显，说明旅游供需耦合协调发展较好的地区逐渐向东部地区收缩，耦合协调度高的地区进一步集聚。

5.3.3.3　旅游需求和旅游服务子系统

2004～2014 年旅游需求和旅游服务子系统耦合协调发展的标准差椭圆及重心演变轨迹计算结果见表 5-5。

表 5-5　旅游需求和旅游服务子系统耦合协调标准差椭圆参数

年份	转角 θ/(°)	沿 y 轴标准差/km	沿 x 轴标准差/km	面积/万 km²
2004	36.9662	1131.5014	974.3262	34632.7004
2005	35.2929	1130.3903	981.1963	34832.3383
2006	35.3885	1132.8432	980.1224	34880.0440
2007	35.2903	1135.4154	977.7655	34875.1889
2008	32.7804	1122.6225	976.6626	34443.3740
2009	34.1016	1122.0422	988.8294	34078.4302
2010	33.4932	1124.7273	965.4840	34112.9637
2011	34.5535	1126.1684	979.4889	34652.1452
2012	35.4943	1131.603	975.1878	34666.4629
2013	35.1375	1122.7922	973.5484	34338.73817
2014	36.3684	1113.8964	972.8271	34041.4437

旅游需求和旅游服务子系统耦合协调度的标准差椭圆分布范围前面相比明显收缩。标准差椭圆面积在 2004 ~ 2014 年间逐渐减小，说明耦合协调度总体下降且集中分布趋势明显。标准差椭圆转角 2004 年为 36.9662°，2008 年降至 32.7804°，2014 年升至 36.3684°，耦合协调度分布高值区表现出南北方向为主，略微偏向东北—西南，2008 年进一步向北部位移，2014 年又回到和 2004 年基本一致的位置。从标准差椭圆长短轴来看，长半轴 y 由 2004 年的 1131.5014 稳步下降到 2014 年的 1113.8964，短轴 x 由 2004 年的 974.3262 下降到 2014 年的 972.8271，长短轴均逐渐变短，扁率增大，说明标准差椭圆南北方向性得到增强，数据的向心性增强，耦合协调度高的地方分布更为集中，耦合协调度省域差异更加明显。

从重心轨迹演变来看，2004 ~ 2014 年重心坐标变化区间为 112.55° ~ 112.969°E，33.034° ~ 33.314°N，处于在河南西南部。从 2004 ~ 2014 年，重心走过一个南—东—西南的移动轨迹，总体向西南方向移动，说明旅游供需耦合协调度发展较好的地区逐渐由南部向西南部地区移动，且不断收缩集聚。

5.3.3.4　旅游需求和旅游环境子系统

2004 ~ 2014 年旅游需求和旅游环境子系统耦合协调发展的标准差椭圆及重心演变轨迹计算结果见表 5-6。

旅游需求和旅游环境子系统耦合协调发展的标准差椭圆分布范围较前三者明显扩展。2004 ~ 2014 年标准差椭圆面积小幅缩减，耦合协调度分布呈现略微集中趋势。2004 年标准差椭圆转角 θ 为 54.7153°，2008 年降至 44.1742°，2014 年升至 48.6037°，耦合协调度高值区表现出东北—西南方向，2008 年向东位移明显，2010 年和 2014 年向西移动，耦合协调度高值区集中在东部和中部地区。从标准差椭圆长短轴来看，长半轴 y 和短半轴 x 均表现为先降后升，总体略微下降，长短半轴均变短，扁率小幅降低，说明标准差椭圆在东北—西南方向上有所减弱，标准差椭圆更接近圆形，数据的方向性减弱，耦合协调度高值区分布更为分散，省域间差异减弱。

表 5-6　旅游需求和旅游环境子系统耦合协调标准差椭圆参数

年份	转角 θ/(°)	沿 y 轴标准差/km	沿 x 轴标准差/km	面积/万 km^2
2004	54. 7153	1154. 3452	1034. 3242	37507. 6579
2005	51. 3011	1143. 7434	1021. 4703	36701. 28935
2006	50. 4592	1144. 9802	1016. 1954	36551. 2683
2007	49. 3160	1142. 9545	1015. 7582	36470. 9467
2008	44. 1742	1135. 9839	1011. 7151	36104. 2099
2009	51. 0055	1155. 0976	998. 2810	36224. 1920
2010	45. 3681	1149. 7228	1007. 5348	36389. 8454
2011	46. 2395	1153. 2871	1014. 3656	36750. 1572
2012	47. 2404	1148. 0130	1008. 1957	36359. 5837
2013	45. 3346	1148. 5023	1002. 6755	36175. 9446
2014	48. 6037	1146. 0874	1014. 6916	36532. 4799

从重心轨迹看空间分布的演变性，2004 ~ 2014 年重心坐标变化区间为 119. 90° ~ 112. 765°E，33. 15° ~ 33. 54°N，位置在河南西南部。从 2004 ~ 2014 年重心轨迹走过一个由东—西北—西—西北移动的路径，总体向北移动，说明旅游供需耦合协调度高值区逐渐向北扩散，空间聚集性逐渐减小，伴有随机分布的特点。

5. 3. 4　旅游需求和旅游供给子系统耦合协调的空间等级性

根据旅游需求和旅游供给各子系统耦合协调度值，结合耦合协调水平划分标准，对空间等级性进行评定。从总体上看，2004 ~ 2014 年旅游需求和旅游吸引物、旅游交通、旅游服务、旅游环境子系统耦合协调度 D_1、D_2、D_3、D_4 平均值分别为 0. 4727、0. 4677、0. 4236、0. 4920，耦合协调等级均为濒临失调阶段，处于中级发展水平。

旅游需求和旅游吸引物子系统耦合协调等级方面，广东经历了良好协调—中级协调—良好协调的发展过程；江苏经历了初级协调—中级协调的演变；浙江、山东经历了勉强协调—初级协调的过程；北京由中级协调降至初级协调；上海由初级协调降至勉强协调。较为落后的有：西藏一直处于严重失调阶段；宁夏、青海处于中度失调阶段；甘肃、贵州、内蒙古、天津、海南处于轻度失调阶段。其他省域徘徊在濒临失调与勉强协调阶段之间。

旅游需求和旅游交通子系统耦合协调等级明显偏低。广东经历了中级协调—良好协调的发展过程；北京经历了初级协调—中级协调的发展过程；上海、浙江经历了初级协调—中级协调—初级协调的发展过程；江苏、山东经历了勉强协调—初级协调的发展过程；辽宁、四川为勉强协调；宁夏为严重失调；甘肃为重度失调；其他省域均为轻度失调和濒临失调之间。

旅游需求和旅游服务子系统耦合协调等级方面，广东在中级协调和良好协调之间徘徊不定；北京为初级协调阶段；江苏、浙江、山东由勉强协调发展为初级协调；上海、四川为勉强协调；福建由勉强协调降至濒临失调；宁夏、青海、西藏为严重失调；甘肃、贵州、吉林为中度失调阶段；其他省域处于轻度失调和濒临失调之间。旅游需求和旅游服务子系统耦合协调等级是各子系统中等级最低者。

旅游需求和旅游环境子系统耦合协调等级方面，北京、上海、广东均经历了中级协调—初级协调的发展过程；江苏、浙江经历了初级协调—中级协调的发展过程；山东经历了勉强协调—初级协调的发展过程；青海、宁夏、甘肃、贵州、海南、吉林均处于轻度失调和濒临失调之间；其他省域处于濒临失调到勉强协调之间。耦合协调等级明显提升，处于低等级和高等级的省域较少，而大多数省域均处于发展的中级阶段，耦合协调等级差异较小，一致性较强。

5.4 本章小结

旅游需求和旅游供给耦合协调发展的特征包括了纵向层面的外部化表象特征和横向层面的内部化结构特征。本章以我国 31 个省、自治区、直辖市为基础，运用耦合协调模型和实测技术，包括 HP 滤波分析法、空间自相关、标准差椭圆及重心法等对旅游需求系统和旅游吸引物、旅游交通、旅游服务、旅游环境子系统耦合协调的结构特征进行分析。通过研究得出如下结论：

（1）旅游需求和旅游供给各子系统耦合协调度存在显著差异，且两极分化严重，研究期内情况尚未扭转。旅游需求和旅游环境、旅游吸引物、旅游交通、旅游服务子系统的耦合协调作用强度依次减弱。旅游需求和旅游环境子系统的耦合协调度一直居于领先地位，显露出稳定的发展态势；旅游需求和旅游服务子系统耦合协调度一直处于最末端位置，且变化剧烈，稳定性弱；旅游需求和旅游吸引物子系统、旅游交通子系统耦合协调度交替变化，前者略胜一筹。

（2）旅游需求和旅游供给子系统耦合协调结构的时序特点。旅游需求和旅游供给子系统耦合协调结构的时序方面均展现了增长趋势，D_3 表现出绝对显著的增长趋势；D_1、D_4 表现出一定的增长趋势；D_2 表现出较为缓慢的增长趋势。

旅游需求和旅游供给子系统耦合协调结构的时序方面表现了不同的波动周期。D_1、D_4 呈现出明显的波动周期；D_3 表现出微弱的波动周期；D_2 波动变化强，并未捕捉到周期性。

（3）旅游需求和旅游供给各子系统耦合协调在空间上沿三大地带呈现出明显的阶梯差异，各地带内部又呈现出明显的等级差异。D_4 空间地带性表现最为强烈，D_3 空间地带性较凸显，D_2、D_1 空间地带性稍弱，但在发展趋势上表现为较为一致的增长态势。三大地带的旅游供需耦合协调度在发展水平上存在较大差距，东部地区旅游供需耦合协调度均遥遥领先，中部地区逐渐崛起，西部地区发展快速，提升空间巨大。

（4）旅游需求和旅游供给子系统耦合协调在空间上形成高值区、次高值区、次低值区、低值区。D_1 在省域空间分布上差异明显，高值区、次高值区由聚集点连成聚集轴线，呈倒 V 字格局。D_2 高值区呈零散点，次低值区和低值区面状聚集。D_3 高值区和次高值区零星随机分布，次低值区和低值区大范围面状聚集。D_4 高值区、次高值区和低值区、次低值区各占据半壁江山，均为轴线与面状聚集。

（5）旅游需求和旅游供给子系统耦合协调在空间上表现出不同的分布方向与演变过程。D_1 分布范围更广且分散，高值区沿东北—西南走向分布，耦合协调度发展较好的地区向中部过渡。D_2 分布范围减小且更为集中，高值区沿东北—西南方向布局，向东部逐渐位移和收缩。D_3 总体下降且集中明显，高值区表现出南北方向为主，并且在南北方向上的发展进一步增强，耦合协调度发展较好的地区逐渐向西南地区移动收缩。D_4 略微集中，高值区表现出东北—西南方向，但在东北—西南方向上有所减弱，耦合协调度高值区向北扩散，空间聚集减小，伴有随机特点。

（6）旅游需求和旅游供给子系统耦合协调度在空间上表现出一致的等级，均为濒临失调阶段，处于中级发展水平。但不同省域表现出差异明显的耦合协调等级。

综上所述，中国旅游需求和旅游供给子系统耦合协调的结构特征方面存在若干问题。旅游需求和旅游供给各子系统的耦合协调发展水平差异显著、旅游需求和旅游供给子系统耦合协调发展的内部失衡、旅游需求和旅游供给子系统耦合协调的空间分布不均、旅游需求旅游供给子系统耦合协调的空间等级偏低，这一系列问题有待于进一步深入剖析其原因，并寻找合理的解决对策。

6 中国旅游供需耦合协调的影响机制

上述对中国旅游供需耦合协调特征中，从纵向、横向角度，分别对外部化表象特征和内部化结构特征进行全方位、多角度剖析。揭示了旅游需求、旅游供给及旅游供需耦合协调发展在时间、空间、结构方面的不同特征、存在的问题及演变规律。旅游供需耦合协调发展中涌现出的诸多问题越来越引人关注，所以应该透过表面现象去思考深层次的本质，以谋求旅游供需的耦合协调发展。因此，对旅游供需耦合协调影响机制的研究不仅仅是一种理论诉求，也是供给侧结构性改革背景下必然要经历的一个重大改革实践过程。一方面，探讨旅游供需耦合协调发展的影响因素；另一方面，对不同影响因素进行路径分析，为中国旅游供需耦合协调发展的优化奠定基础。

6.1 旅游供需耦合协调影响机制的理论体系

根据旅游供需耦合协调发展的外部化表象特征和内部化结构特征，将旅游供需耦合协调发展影响机制分为内部机制和外部机制，即微观机制和宏观机制。内部机制包括旅游产业结构、旅游资源禀赋、旅游市场潜力、技术变革与创新；外部机制包括经济发展水平、制度因素、文化因素、对外开放程度。在内部旅游生产单元价值驱动和外部宏观环境导向驱动下，引发了旅游供需关系在时间、空间、结构上的演变，如图 6-1 所示。

6.1.1 内部机制

6.1.1.1 旅游产业结构

旅游产业结构具有不同的解读视角，从产业关联或者旅游系统视角下认知，旅游产业结构包括旅游行业结构、旅游产品结构、旅游产业组织结构、区域结构等范畴；从旅游者需求的依赖度来认知，旅游产业结构是食、住、行、游、购、娱为核心的各行业之间的经济技术联系与比例关系，还包括与其他产业之间的比例关系。结合研究实际，本书旅游产业结构包括旅游产品结构、旅游产业布局结构和旅游业外部结构。旅游产品结构是外部化表征；布局结构是旅游产业发展在区域空间上的反映；旅游产业外部结构则是用来反映旅游产业与其他产业之间的技术联系和比例关系，影响着旅游产业与区域经济发展的协调关系[189]。旅游产业结构的衡量与测度通常采用合理化和高度化程度来进行[190]。旅游产品结构、

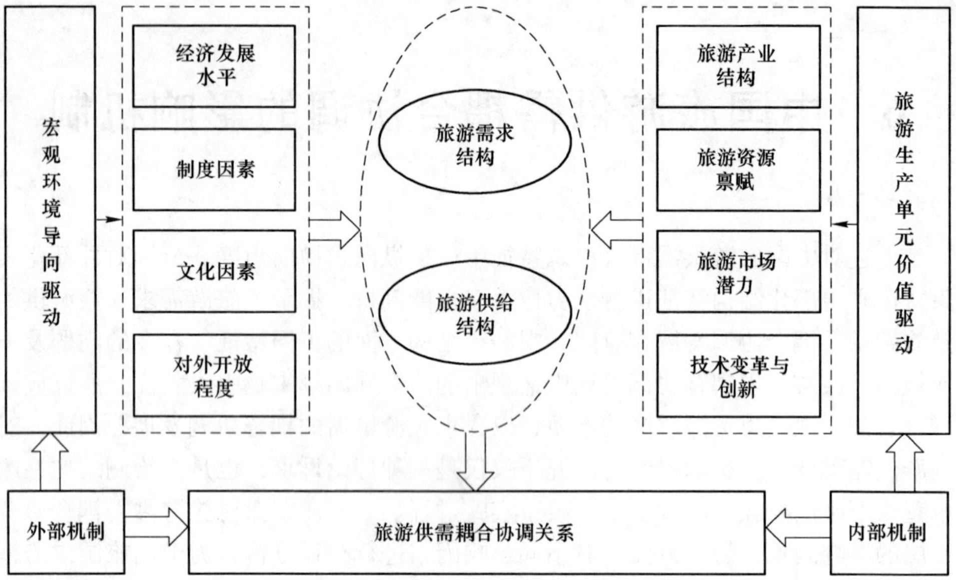

图 6-1　旅游供需耦合协调发展的影响机制

布局结构、外部结构不是固定静态，而是不断地动态演变，演变的最终结果是产业协调能力不断加强，关联水平逐步提高，旅游产业结构从低水平状态向高水平状态迈进。

通过对旅游产品结构的调整，消除旅游产品结构存在的诸多问题。通过对旅游产业布局结构的调整，打造更趋合理的产业布局空间结构与发展模式。通过对旅游产业外部结构的调整，延伸旅游产业链条，打造大旅游产业。解决好这些问题，对于提高旅游需求的水平、旅游供给的能力、旅游供需耦合协调的关系具有关键作用。一方面，旅游供给系统内部配置更加合理，旅游生产要素不断集聚，利用产业结构调整所带来的资源、要素集聚效应所产生的古典经济学的外部经济性，促进旅游供给的提升，实现区域内资源共享，客源共接，成本降低，整体竞争优势的提升。另一方面，旅游产业结构调整所打造的合理的要素配置、多元化的旅游产品、较有竞争力的旅游价格、较有影响力的游客规模效应与集聚效应，这些对于旅游需求来说，就是最大的吸引力，无疑是为旅游需求注入一针强心剂。同时，不同的旅游需求又可以通过旅游产品结构、旅游布局、旅游结构得以满足，旅游需求和旅游供给结构更趋合理与完善，进而实现旅游供需的耦合协调发展。

6.1.1.2　旅游资源禀赋

旅游活动得以开展包括三个基本要素，即旅游活动的主体、客体和中介体，旅游资源作为旅游业的客体，是旅游业存在和发展的基本条件，旅游资源在很大程度上还决定着旅游业形成的初始形态与发展趋向。当前，对于旅游资源禀赋与旅游业发展的关系问题存在两种观点。部分学者认为高等级的旅游资源并没有为旅游收入高的地区带来显著影响[191]；部分学者认为随着资源枯竭、"资源诅咒"现象的凸显，资源禀赋并未对区域发展带来福利，而是带来诸多困扰[192]。但从旅游业对旅游资源的依赖程度上看，旅游资源仍对旅游业的发展起决定作用[193]，旅游资源富集的省域往往有着较高的旅游发展水平[194]。

不可否认，良好的旅游资源禀赋不仅是区域旅游形象的代表，也是区域旅游符号化的标记，更是区域整体形象的表征，区域会以资源为核心形成高知名度和高感召力。以高级别的资源赋存为基础，设计产品、创新旅游产品，不断推出层次不一、档次不一的区域精品旅游线路，同时在明星效应的影响下扩大产业规模，实现跨省域、跨市域的旅游合作。多元化的旅游产品体系、符号化的旅游形象、明星化的示范效应，成为旅游供需耦合协调发展的原动力与助推器。一方面，增加旅游供给数量，提升旅游供给质量与品位，改善旅游供给结构；另一方面，旅游资源禀赋是旅游需求的源泉，良好的旅游产品体系可以满足多元化旅游需求，符号化的旅游形象可以增加旅游者对该地旅游需求的辨识度，明星化的示范效应成为旅游需求由潜在需求转为现实需求的助推器。

6.1.1.3 旅游市场潜力

旅游市场潜力是指在一定时期内，一定区域对旅游产品购买力最乐观的、最大数值的估计与测算。市场潜力是旅游产业和要素布局的重要影响因子，大量的实证研究充分证实了区域经济发展与市场潜力之间的显著正相关性[195,196]。旅游经济隶属于区域经济的一部分，毋庸置疑，市场潜力对旅游经济也产生重要影响。

一方面，市场潜力促进旅游供需数量的变化。市场潜力深刻影响着旅游需求，市场潜力规模的大小与旅游者数量和消费水平密切相关。在旅游需求的拉动作用下，旅游产品数量逐步增多，旅游企业规模不断扩大，旅游服务人才集聚，旅游供给结构逐步得以完善，从而旅游供需耦合协调发展也会发生改变。

另一方面，市场潜力改变旅游需求结构。旅游需求结构可以从物质需求和精神需求、基本旅游需求和非基本旅游需求、国内旅游需求和出入境旅游需求等方面来探讨。当前，伴随市场潜力的提高，旅游需求结构逐步由物质需求走向精神需求，由基本旅游需求迈向非基本旅游需求，由国内旅游需求跨越到出境旅游需求。旅游供给在旅游需求的刺激下发展重大改变，旅游产品族群多样化、精细化、高附加值化。旅游企业集团化和业务多元化、旅游服务人才服务质量精细化，旅游市场集中化，旅游产品特色化，旅游市场竞争不断由竞争向垄断竞争，甚至是寡头垄断发展。而旅游需求、旅游供给结构的变化直接影响旅游供需耦合协调关系。

6.1.1.4　技术变革与创新

技术变革与创新对旅游业发展产生至关重要影响，不仅持久延续，而且深远悠长。技术变革与创新和旅游业、旅游产业结构的变动有很大关联[197]。具体来看，技术变革与创新通过促进生产要素的流动来带动旅游产业结构的改变，变革与创新的彻底性导致劳动生产率的差异，生产要素必然由劳动生产率低的部门向高的部门流动。伴随这一转移，旅游产业结构得到提升，势必会带动旅游供需的耦合协调发展，如图 6-2 所示。

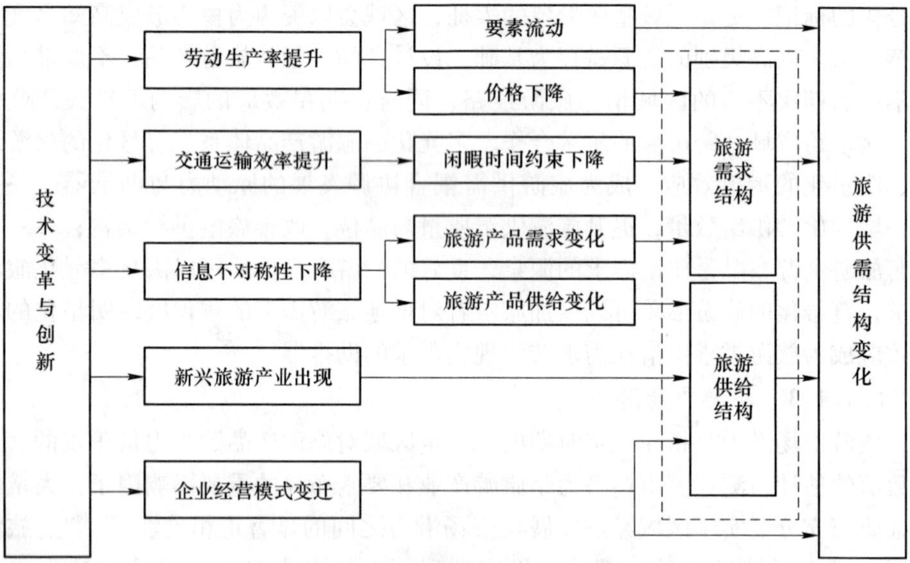

图 6-2　技术变革与创新对旅游供需关系的影响

技术变革与创新对旅游需求结构的影响表现在三个方面：（1）技术革命与创新使得劳动生产率提升，生产时间缩短，生产成本降低，旅游产品价格下降，旅游需求逐渐提升，由此刺激旅游需求增长；（2）技术革命与创新促进交通运输效率提高，闲暇时间约束力下降，旅游需求结构不断改变；（3）在互联网发展背景下，技术革命与创新逐渐弱化了旅游需求者和旅游供给者的边界，旅游客源地和目的地的“柠檬市场”现象不断减弱，信息不对称性降低，散客潮、自由行的增加均改变着传统的旅游需求结构。

技术变革与创新对旅游供给结构的影响方面也表现在三个方面：（1）促进新兴旅游的出现，新兴旅游产品不断升级，旅游产品结构不断优化，旅游供给结构不断改善；（2）为旅游资源创新提供空间，旅游资源的深度开发与充分利用提供新的可能和机会，从而为旅游供给结构增添发展新动力；（3）促进旅游企业模式的改变，旅游企业经营连锁化、管理科学化、组织系统化，进一步促进旅游供给结构的改变。

6.1.2 外部机制

6.1.2.1 经济发展水平

旅游业发展必须要以一定的经济基础作为支撑，区域经济是旅游业发展的基础与前提，而旅游业的发展又可以促进区域经济的增长。区域经济与旅游业发展之间存在的互动关系可以概括为旅游引致经济增长假说[198]、经济增长驱动旅游发展假说[199]、旅游与经济互惠增长假说[200]三种观点。从总体上看区域经济对旅游业发展的作用力明显高于旅游业发展对区域经济的反作用。

经济发展对旅游供需耦合协调的推动力包括三个路径：（1）经济发展水平提高，旅游者可自由支配收入增多，闲暇时间约束减弱，旅游者的出游能力和出游的消费水平提高，旅游需求得以发展；（2）经济发展水平提高，为旅游吸引物设施的开发建设、旅游交通系统的完善、旅游服务系统的提升、旅游环境系统的完善奠定了资本、技术、人力等方面的积累，提高了旅游供给能力与水平；（3）经济发展引发与旅游相关产业的繁荣，旅游产业链条逐渐延伸，旅游产业不断融合，旅游创新不断涌现，促进旅游需求、旅游供给的提升，进而影响旅游供需耦合协调发展。

6.1.2.2 制度因素

制度因素对区域经济发展产生重要影响，这一观点得到众多学者认可，以李小建为代表的新经济地理学派认为制度转向、文化转向、关系转向等三个方面的社会文化背景对区域经济地理产生重大影响[201]。以科斯和诺斯为代表的新制度经济学尤其重视制度对经济增长的影响[202]。学者一致认为制度因素对区域经济增长具有显著影响，但不同区域的影响尺度不尽相同[203]。刘玉珂总结了制度因素对区域经济增长影响的衡量指标，包括经济制度变革、法律制度、非正式制度和市场化指数[204]，其中用市场化指数对制度因素进行衡量较为常用[205]。

相对于其他产业而言，我国实行的是政府主导的旅游业发展模式[206]。制度因素对区域旅游经济及旅游业发展发挥了重要作用，成为中国旅游阶段性发展最重要的影响因素。旅游供需关系是旅游业发展的一种客观经济现象，其演化发展必将受到制度因素的影响。

结合中国旅游业发展历程，从“七五”计划到“十二五”计划，旅游业经历了从外事接待、入境旅游到出境旅游的发展，如今中国旅游市场无论在规模上还是结构上，都已在全球旅游市场中占有不容小觑的、日益上升的地位。2013年以来，中国旅游业受到前所未有的关注，迎来一系列政策利好。2014年8月国务院印发《关于促进旅游业改革发展的若干意见》(下文简称意见）引发一片欢腾，迎来旅游业的又一春天。《意见》也对旅游业的发展从“一带一路”畅议层面进行详细阐述，将丝路旅游上升至国家高度。2015年国务院办公室引发《关于进一步促进旅游投资和消费的若干意见》。2016年在国务院旅游工作会议上提出加快转变旅游发展方式，着力推进旅游供给侧改革的方针政策。

一系列制度导向和政策利好必然会带领旅游供需发展更上一层楼。一方面，制度因素强烈刺激旅游需求。（1）相关制度指引旅游者出游方向，改变旅游需求的选择。（2）制度因素中关于职工带薪休假制度、鼓励错峰休假、鼓励弹性作息的落实，可为旅游者创造更多的闲暇时间。另一方面，制度因素促进旅游供给的完善，实施制度中的旅游基础设施完善计划，可以改变旅游者的旅游消费环境；实施旅游投资促进计划，可以新辟旅游消费市场；实施旅游消费促进计划，可以培育新的旅游消费热点；实施乡村旅游、养生旅游、修学旅游等计划，可以开拓旅游消费空间。制度因素为旅游需求、旅游供给及供需关系都刻上深刻烙印。在中国这样的政府主导旅游业发展模式里，制度因素对地区旅游业，尤其是落后地区的旅游业发展无疑发挥最深远的作用。

6.1.2.3 文化因素

社会经济活动根植于一定的文化中，文化是社会经济活动的“母体”[207]。文化因素与区域经济之间的关系，仁者见仁，智者见智。传统经济增长理论忽视文化资本而注重物质、人力等资本对经济增长的影响。古典经济学家斯密提出文化对经济增长的影响；布迪厄提出文化资本的概念，认为文化资本的客观形式是文化产品，内在本质是通过文化的传播、传承和积累而形成的一种新的经济资本[208]。新制度经济学派的科斯认为文化因素作为制度的重要组成部分，通过制度体系影响经济发展[209]。新经济增长理论阶段，Bucci 和 Segre 将文化因素以变量形式引入到文化与经济增长的内生增长模型中[210]，高波论证文化因素与经济增长之间显性的相关关系[211]。旅游经济作为经济活动的一个重要组成部分，旅游业作为第三产业的重要组成部分，其发展时刻受到文化因素的影响。张志亮以布迪厄的文化资本理论为基础，对旅游经济结构的若干维度的影响机制进行分析[212]。吴启焰、王兆杰等论述了文化因素在旅游规划、旅游发展方面的重要作用[213]。大量相关研究验证了文化对旅游经济的影响，而旅游供需关系必定也受到文化因素的影响。

文化因素包括有形的和无形的文化因素两部分，有形的文化因素指赋予了文化价值的艺术品、建筑、遗产等；无形的文化因素指旅游者的文化层次、宗教信仰、价值观念、风俗习惯。一方面，无形的文化因素影响着旅游需求结构。从旅游需求的周期来看，文化层次高的旅游者的旅游需求通常会固定化与长期化，成为旅游需求的稳定客源。从旅游需求的动机来看，通常锁定在特色鲜明、文化价值高、社会文化差异大的旅游目的地，充分满足求知欲。从旅游需求的行为来说，文化因素对旅游者是一种吸引，但陌生的环境和反差极大的文化往往使旅游者缺乏安全感，当异域文化与本土文化具有差异，且这种差距不太大的情况下才会产生最大的旅游需求。另一方面，有形的文化因素影响着旅游供给结构。从旅游供给的方向和内容来看，有形的文化因素本身就是旅游资源的重要组成内容，一个区域提供何种旅游产品，取决于其拥有的资源状况与文化背景。从旅游供给的质量上看，旅游服务人员的文化层次与观念对服务质量起到关键作用。文化因素对于旅游需求、旅游供给及供需关系均产生重要影响。

6.1.2.4 对外开放程度

从狭义的角度上看，对外开放单指经济开放，是一定历史条件下，扩展对外经济关系以加速区域经济增长的政策和行为。关于对外开放产生的影响有两种观点，一种观点认为对外开放促进区域经济增长，二者存在正相关关系，Harrison利用计量模型验证对外开放与经济增长的积极作用[214]，Marwaha 运用最小二乘法分析亚洲国家对外开放对经济增长的贡献度[215]。另一种观点认为二者之间关系并不显著，对于发达地区而言，对外开放能够促进经济增长，对于欠发达地区来说，不恰当的对外开放反而为区域产业带来受到冲击的风险，例如 Levine[216]。我国学者谢守红对各省对外开放程度测算、比较，验证不同区域对外开放程度对经济影响的差异[217]。旅游业作为区域经济的重要组成部分，必然也受到对外开放程度的不同影响。赵东喜运用固定效应模型对省际入境旅游发展与对外开放关系进行动态分析，结果表明入境旅游发展与对外开放作用短期内有波动性，长期内有拉动性[218]。侯永康从理论上对二者关系进行高屋建瓴概况，阐述对外开放与旅游业发展的关系、规律、有效协整与评价[219]。

对外开放程度对旅游供需及其关系的影响表现为：一方面，对旅游需求的数量和类型都产生影响，对外开放程度高的地区，经济发展水平较高、人们思想外向性较强、消费意识与能力强、行为较为活跃，旅游需求较多，且受优越的对外开放政策影响，出境游更是明显偏多；另一方面，对旅游供给的完善产生重要影响，对外开放程度高的地区，为吸引更多的外商投资，通常会拥有较好的区位条件、交通条件、社会环境、基础设施等优势，而这些优势的打造以及外商投资后产生的经济效益对旅游供给来说无疑是坐收渔利。

6.1.3 影响因素指标识别

旅游供需耦合协调发展在内外部影响机制作用下表现出时间上、空间上、结构上的特征，而内外部影响机制中各影响因素是如何作用于旅游供需耦合协调发展的？各影响因素的影响程度如何？不同区域旅游供需耦合协调发展的影响因素、影响程度是否一致？根据上述构建的旅游供需耦合协调影响机制的理论体系，结合中国旅游供需耦合协调发展特征，兼顾结果的科学性、合理性与可操作性，对各影响因素的代理指标进行甄别。

国内外众多学者对旅游业相关发展机制进行的研究，确立的相应指标体系，为本研究提供了诸多参考。Alipour 阐明政府制度变化对旅游业发展的影响[220]。Jackson 提取了服务业发展规模和水平对旅游业发展的巨大作用，选取第三产业产值、从业人员数量作为代理指标[221]。Baum 指出专业化水平和人力资源对旅游业发展的作用，使用区位熵来表征专业化水平、第三产业从业人员数量来代理人力资源[222]。Buhalis 着眼于信息技术的进步、运用、创新对旅游业结构升级的作用[223]。邓冰选用空间距离与可达性指标分析交通区位、政府政策对旅游业发展效率的影响[224]。冯学钢选用旅行社与饭店数量、固定资产投资额、旅游从业人员数量来代表旅游设施、旅游投资、人力资源，来分析对旅游发展的影响[225]。方世敏选取人均 GDP、固定资产投资额、人均可自由支配收入分别表征经济发展水平、政策因素、智力因素对旅游产业发展的影响[226]。王坤等分析了人力资本、固定资产投入、旅游资源丰度对旅游产业发展的影响，分别以第三产业从业人数、城市固定资产投资额、A 级以上景区数量为表征进行了数据分析[227]。

根据中国旅游供需耦合协调影响机制的理论体系，结合相关文献对影响因素指标的选择，考虑到数据的可获取性和可比较性，对旅游供需耦合协调机制的影响因素进行识别。

（1）旅游产业结构选用旅游产业化程度来进行衡量，产业化程度使用区位熵来代理。区位熵是哈盖特提出的概念，反映研究区域某一产业专业化程度，以及某一区域在高层次区域所占据的地位和作用。熵，就是比率，旅游产业区位熵为地区旅游收入与地区 GDP 之比除以全国旅游收入与全国 GDP 之比。比率越高，说明地区旅游产业集聚水平越高，旅游产业结构越趋近于合理。当比率大于 1 时，认为该区域旅游产业结构在全国来说具有优势；当比率小于 1 时，认为该区域旅游产业结构在全国来说处于劣势地位。

（2）旅游资源禀赋用旅游资源优势度衡量，旅游资源优势度反映区域旅游资源丰裕度相对变化的情况，研究发现这一指标基本能够代表省域旅游资源赋存状况的动态变化，从侧面验证省域旅游资源赋存对旅游供需耦合协调发展的影响。旅游资源优势度的计算方法为区域旅游资源类型数量与全国同类资源总量之比，旅游资源类型的选取包括国家自然保护区、国家历史文化名城、世界文化遗产、国家 5A 级、4A 级旅游景区。

（3）旅游市场潜力是对区域旅游产品最大购买能力的估算，用人均消费水平来表征，即为一定时期内每人平均占有和享受的物质生活资料和服务的数量，是区域经济活动的最终成果，反映人们对物质和精神需求的满足程度。

（4）经济发展水平用人均 GDP 来表示，人均 GDP 作为区域经济评价指标有一定的科学性，能够用来代表区域经济发展差异的评判指标。

（5）制度因素的衡量选用市场化程度这一指标，用区域入境旅游收入与区域旅游总收入的比例进行表示，区域入境旅游能够反映一个区域旅游业发展的形势、政策与态度。

（6）文化因素用文化固定资产投资额占固定资产投资总额的比重来表示，文化固定资产投资额包括科学研究、技术服务、教育、文化业在全社会的固定资产投资额。

（7）对外开放程度用外商投资企业投资总额来表征。

技术变革与创新因缺少相关数据，仅作理论分析与解释。因此，共选取7个影响因素，包括旅游产业化程度、旅游资源优势度、旅游市场潜力、经济发展水平、市场化程度、文化因素、对外开放程度，具体见表6-1。

表6-1 旅游供需耦合协调影响因素指标体系

类型	影响因素	指标选取	代码
内部机制	旅游产业化程度	地区旅游收入/GDP与全国旅游收入/GDP之比	TID
	旅游资源优势度	地区旅游资源类型数量/全国同类资源总量	TRSD
	旅游市场潜力	人均消费水平	TMP
外部机制	经济发展水平	人均GDP	EDL
	制度因素	入境旅游收入/旅游总收入	IF
	文化因素	文化固定资产投资额/固定资产投资总额	CF
	对外开放程度	外商投资企业投资总额	EDD

6.2 研究方法

6.2.1 数据检验

6.2.1.1 平稳性检验

在进行旅游供需耦合协调的影响机制面板数据回归分析前，务必对时间序列数据进行平稳性和协调性检验。平稳的真正含义为：一个时间序列剔除了不变的均值和变化趋势后，剩余的序列为零均值，同方差，白噪声[228]。数据平稳性检验可以剔除虚假回归或伪回归[229]，某些情况下非平稳时间序列也可能表现出较一致的变化趋势，即使没有任何关系，若回归分析也可得到较高的R^2可决系数。因此，有必要对时间序列数据的平稳性进行检验，以避免高值伪回归的出现。

对时间序列数据平稳性检验应用最广的方法是单位根检验。单位根检验包括LLC、IPS、ADF-Fisher、PP-Fisher等主要方法。检验中若假定各截面序列具有相同的单位根，则使用LLC检验；若假设各截面序列具有很大差别的单位根，则使用IPS、ADF-Fisher和PP-Fisher检验。而这三种检验的基本原理均是对不同截面序列分别进行单位根检验，再综合面板数据的检验统计量[230]。

LLC检验的原假设为面板数据中各截面序列均具有相同的单位根，但其备择假设为各截面序列均没有单位根。检验原理仍然是 ADF 检验式，但使用的是剔除了自相关和不确定性影响的标准化代理变量。模型如下：

$$\Delta y_{it} = \alpha y_{it-1} + \sum_{j=1}^{p_i} \beta_{ij} \Delta y_{it-j} + X_{it}\delta_i + \sigma_{it}(i = 1,2,\cdots,M;t = 1,2,\cdots,N) \tag{6-1}$$

式中，X_{it}为外生变量，包含截距和趋势项；t_i 为第 i 个截面成员的样本时期数；σ_{it}为随机误差项。

假设条件为：$\alpha = \rho - 1$；p_i 是第 i 个截面滞后项的阶数，允许其在不同的截面上发生变化，原假设和备择假设为 H_0：$\alpha = 0$，H_1：$\alpha < 0$，检验统计量渐进服从标准正态分布。

ISP、ADF-Fisher 和 PP-Fisher 检验的原假设为 H_0：$\alpha = 0$，对于所有的 i，备择假设为：H_0：$\alpha = 0$，序列 $\{y_{it}\}$ 非平稳；H_1：$\alpha < 0$，序列 $\{y_{it}\}$ 平稳，进而构建 ADF 检验统计量，得到检验统计量的临界值表。ISP、ADF-Fisher 和 PP-Fisher 的检验统计量分别服从标准正态、X^2 分布和标准正态分布。

对中国旅游供需耦合协调影响机制的面板数据进行检验，如果检验结果均拒绝原假设，则认为序列是平稳的；如果不能拒绝原假设，则序列非平稳。同时，单位根检验先从水平序列开始，如果存在单位根，则对该序列进行一阶差分后继续检验，若仍存在单位根，则进行二阶差分检验，直到序列平稳。记水平序列 I（0）为零阶单整，I（1）为一阶单整，I（2）为二阶单整。

6.2.1.2　协整性检验

基于单位根检验结果显示，如果变量之间是同阶单整的，即可做协整性检验，这是协调性检验的基本前提。协整性检验是考察变量间长期均衡关系的方法，指两个及其以上非平稳的变量序列，其某个线性组合后的序列呈平稳性，此时这些变量序列间存在协整。

协整性检验主要包括两类方法：一类是零假设为不存在协整关系，基于平稳所得残差构建统计检验，对同质或异质面板均适用，代表检验有基于 Engle-Granger 二步检验法的 Peerdroni 检验和 Kao 检验[231]；另一类是零假设为存在协整关系，基于回归残差的 LM 检验，代表性检验有 MaCoskey 和 Kao 检验、Westerlund 检验，其中第一类检验方法较为常用。

多元非平稳序列之间能否建立动态回归模型，其关键在于它们之间是否具有协整关系，对多元非平稳序列检验必须进行协整检验，即为恩格尔格兰杰（Engle-Granger）检验，简称为 EG 检验。而 Peerdroni 检验和 Kao 检验都是在 EG 检验基础上进行的，Kao 检验利用推广的 DF 和 ADF 提出检验面板协整的方法，这种方法零假设是没有协整关系，并且利用静态面板回归的残差来构建统计量；Peerdroni 检验的零假设是在动态多元面板回归中没有协整关系的条件下给出 7 种基于残差的面板协整方法[232]。因此，EG、Peerdroni 和 Kao 检验步骤同为两步法。

第一步，建立响应序列与输入序列之间的回归模型：

$$y_{it} = \beta_0 + \sum_{i=1}^{k} \beta_i x_{it} + \varepsilon_t \quad (6\text{-}2)$$

应用最小二乘法 OLS 对参数进行估计，进而计算非均衡残差，得到：

$$et = y_{it} - \hat{y}'_{it} = y_{it} - \hat{\beta}'_0 - \sum_{i=1}^{k} \hat{\beta}'_i x_{it} \quad (6\text{-}3)$$

式中，$\hat{\beta}'_0$，$\hat{\beta}'_1$，…，$\hat{\beta}'_k$ 为参数 β_0，β_1，…，β_k 的最小二乘估计量。

这一回归模型成为协整回归或者静态回归。

第二步，对回归残差序列 $\{\varepsilon_t\}$ 进行平稳性检验。主要采用单位根检验的 DF 或者 ADF 方法来检验回归残差序列，所以，假设条件等价于

$$H_0 : \varepsilon_t - I(k) \quad (k \geqslant 1) \quad (6\text{-}4)$$
$$H_1 : \varepsilon_t - I(0)$$

EG 检验的原理与计算公式同 DF 相同，但是 EG 检验的临界值与普通检验的临界值有所不同。

6.2.2 面板数据模型

数据按时空维度进行划分，包括截面数据和时间序列数据。面板数据是囊括这两方面的综合性数据，同时在截面和时间序列两个维度获取信息，兼具截面和时间的双重特点，在众多应用研究中得到广泛使用。面板数据模型的优势在于既考虑截面数据的个体差异，又反映数据间存在的某种一致性，具有分析优势。

面板数据模型的一般形式为：

$$y_{it} = \sum_{i=1}^{k} \beta_{ki} x_{kit} + u_{it} \quad (i = 1,2,\cdots,M; t = 1,2,\cdots,N) \quad (6\text{-}5)$$

式中，i、t 分别为不同的截面 M 和不同的时间 N；y_{it} 为被解释变量个体第 i 个截面上的第 t 个时间点上的观测值；x_{kit} 为第 i 个截面和第 t 个时间点上的解释变量性向量，共含有 k 个解释变量，即 $x_{it} = (x_{it,1}, x_{it,2} \cdots x_{it,k})$；$\beta_{ki}$ 为待估计参数；u_{it} 为随机误差项，通常假定随机误差项 u_{it} 之间相互独立，且满足均值为零，方差同为 δ_u^2。

根据面板数据的特点与性质以及对截距项和解释变量系数的不同限制，将面板数据的回归模型分为变截距模型、变系数模型和混合模型三种类型[233]。

6.2.2.1 混合回归模型

混合回归模型的特点为：若从时间上看，不同个体之间不存在显著性差异；从截面上看，不同截面之间也不存在显著性差异。假定截距项 α_i 和解释变量系数 β_{ki} 对所有的截面个体成员都是相同，解释变量对被解释变量的影响与个体无关。模型为：

$$y_{it} = \alpha_i + \sum_{i=2}^{k} \beta_{k_i} x_{kit} + u_{it} \quad (i = 1,2,\cdots,M; t = 1,2,\cdots,N) \tag{6-6}$$

混合模型因假设解释变量对被解释变量的影响与个体无关，所以尽管这种关于参数的假设被广泛使用，但在诸多现实问题中，混合回归模型因限定条件较少以及数据样本的个体差异较小而并不适用[234]。

6.2.2.2　变截距模型

在混合回归模型中，将所有截面个体成员的时间序列混合在一起作为样本数据，使用最小二乘法（OLS）对参数进行估计，就演变为变截距模型。该模型假定在截面个体成员上截距项 α_i 不同，而解释变量系数 β_{ki} 是相应的，假定个体成员中存在个体影响结构系数变化的情况。变截距模型和变系数模型又都可分为固定效应模型和随机效应模型。

A　固定效应变截距模型

固定效应变截距模型中不随时间变化的非观测效应与误差项相关。不同的时间序列下会有截距项不同的模型：

$$y_{it} = \alpha_i + \sum_{i=2}^{k} \beta_{ki} x_{kit} + u_{it} \quad (i = 1,2,\cdots,M; t = 1,2,\cdots,N) \tag{6-7}$$

模型中不随时间变化的非观测效应 α_i 与随机误差项 u_{it} 相关。截距项 $\alpha_i = \overline{\alpha} + \alpha_i^*$，$\overline{\alpha}$ 代表截距项均值，在不同的截面成员个体中时间是相同的；α_i^* 代表截面个体成员截距项，表示个体成员的截距对整体截距的偏离，而所有个体成员对均值的总体偏离应该为零。该模型是一个有参数约束限制的模型[184]，若随机误差项 u_{it} 满足相互独立，或者同方差的假设，可以使用最小二乘法 OLS 估计方法或最小二乘虚拟变量法（LSDV）进行估计；如果随机误差项 u_{it} 不能满足相互独立，或者同方差的假设，则需要使用 GLS 方法进行估计。

B　随机效应变截距模型

随机效应变截距模型是不同的截面（时点）、不同的时间序列（个体）都有不同截距的模型。其原理是把变截距模型中用来反映个体差异的截距项 α_i 分解出常数项和随机变量项。模型为：

$$y_{it} = \alpha_i + \sum_{i=2}^{k} \beta_{ki} x_{kit} + v_t + u_{it} \quad (i = 1,2,\cdots,M; t = 1,2,\cdots,N) \tag{6-8}$$

式中，α_i 为截距中的常数项；v_t 为截距中的随机变量，代表截面成员的随机影响，随机误差项为两种随机误差之和 $v_t + u_{it}$。

对于随机效应变截距模型，虽然假定模型中不随时间变化的非观测效应 v_t 与随机误差项 u_{it} 不相关，但由于 v_t 存在同一个截面成员、不同时间扰动项之间存在相关性问题，因而一般使用 GLS 法对相关系数进行估计。而当随机效应变截距模型中随机误差项与解释变量相关时，则采用 TSLS 法进行估计。

变系数模型

6.2.2.3 变系数模型

上述变截距模型是假定不同个体的解释变量系数相同，然而现实中变化的结构等不可观测的反映个体差异的因素会导致参数随着截面个体的变化而变化，即解释变量对被解释变量的影响要随着截面的变化而变化，这时就需要借助变系数模型。因此，若考虑结构中参数随截面成员个体的变化而改变时，则需要建立变系数模型：

$$y_{it} = \alpha_i + \sum_{i=2}^{k} \beta_{ki} x_{kit} + u_{it} \quad (i = 1,2,\cdots,M; t = 1,2,\cdots,N) \tag{6-9}$$

假定截距项 α_i 和解释变量系数 β_{ki} 在不同的截面个体上均不相同；假定随机误差项 u_{it} 相互独立，且满足零均值，同方差。根据个体影响的不同，变系数模型同样分为固定效应变系数模型和随机效应变系数模型。固定效应变系数模型中，截距项 α_i 和解释变量系数 β_{ki} 都是跨截面变化的常数。在随机效应变系数模型中，截距项 α_i 和解释变量系数 β_{ki} 都是跨截面变化的随机变量。可以使用 OLS 方法进行无偏估计，再进行 GLS 估计[230]。

6.2.3 数据来源

本章研究所涉及的 2004 ~ 2014 年旅游收入、GDP、人均消费水平、人均 GDP、文化固定资产投资额、固定资产投资额、外商投资企业投资总额等数据来源于《中国统计年鉴》(2005 ~ 2015 年）和中国国家统计局网站。旅游资源禀赋涉及的国家自然保护区、国家历史文化名城、世界文化遗产、国家 5A 级、4A 级旅游景区数量来源于《中国旅游统计年鉴》(2005 ~ 2015 年）和各省份旅游局网站。为研究结果的科学性，对数据的单位进行统一处理，人均消费水平、人均 GDP、外商投资企业投资总额数据均进行取对数处理。

6.3 旅游供需耦合协调影响机制的量化分析

6.3.1 面板数据模型设计

面板数据含有截面、时间和指标三个维度的信息，借助面板数据模型可以构造并检验比以往使用某单一数据更为真实的回归方程，从而进行更加科学、全面的分析。研究选取 2004 ~ 2014 年中国 31 个省域旅游供需耦合协调度和若干影响因素指标，通过面板数据模型分析我国 31 个异质省域在 11 年时点下的影响因素，既体现了非时变不可观测的异质因素，也体现了时点不可观测的同质因素[235]。因此，本章采用计量经济学的面板数据模型对我国旅游供需耦合协调影响因素的分析，能够识别影响旅游供需耦合协调发展的关键要素，找寻到较为确凿的优化方向。

根据面板数据特点，结合旅游供需耦合协调影响因素指标变量的选取，设计如下模型，对中国旅游供需耦合协调的影响因素进行识别：

$$D_{it} = R + \beta_1 TID_{it} + \beta_2 TRSD_{it} + \beta_3 TMP_{it} + \beta_4 EDL_{it} + \beta_5 IF_{it} + \beta_6 CF_{it} + \beta_7 EDD + \sigma_{it} \tag{6-10}$$

式中，i 和 t 分别为我国不同地区和不同时期的对应值；D_{it}为第 i 个地区第 t 年的旅游供需耦合协调度；R 为常数项；$\beta_1 \sim \beta_7$ 为各变量的估计参数，TID_{it}为第 i 个地区第 t 年的旅游产业化程度，即区位熵；$TRSD_{it}$为第 i 个地区第 t 年的旅游资源优势度；TMP_{it}为第 i 个地区第 t 年的旅游市场潜力，EDL_{it}为第 i 个地区第 t 年的经济发展水平；IF_{it}为第 i 个地区第 t 年的制度因素；CF_{it}为第 i 个地区第 t 年的文化因素；EDD_{it}为第 i 个地区第 t 年的对外开放程度；σ_{it}为随机误差项。

6.3.2　数据平稳性与协整性检验

6.3.2.1　数据平稳性检验

对旅游供需耦合协调及其影响因素的时间序列数据进行平稳性和协整性检验。涉及非平稳时间序列变量之间的回归，可能会形成结果看上去非常好的伪回归，如果在时间序列之间存在“一起漂移”或者同步现象，则可能没有伪回归问题[236]。下面借助 LLC、IPS、ADF-Fisher、PP-Fisher 检验分别对时间序列进行单位根检验，检验结果见表 6-2。

表 6-2　旅游供需耦合协调度影响因素的单位根检验结果

变量	检验形式(*I*, *T*, *P*)	LLC 统计量	IPS 统计量	ADF 统计量	PP 统计量
D	(*I*, *T*, 0)	−2.773②	−13.4051③	−11.9648③	−3.0129②
TID	(*I*, *T*, 0)	−7.6878③	−3.1442③	−2.3625③	−2.064②
Δ*TRSD*	(*I*, *N*, 1)	−4.4703③	−10.6023③	−9.2207③	−10.2629③
Δ*TMP*	(*I*, *N*, 1)	−3.6674③	−7.022③	−7.3582③	−7.3602③
Δ*EDL*	(*I*, *N*, 1)	−8.3504③	−2.7568①	−3.5062②	−2.9435③
Δ*IF*	(*I*, *N*, 1)	−5.3409③	−11.5316③	−10.6347③	−12.5003③
CF	(*I*, *T*, 0)	−9.2170③	−4.2269③	−4.4941③	−4.3221③
Δ*EDD*	(*I*, *N*, 1)	−8.3493③	−10.99288③	−9.9250③	−10.9335③

注：1. 检验形式中的 *I* 和 *T* 分别为常数项和趋势项，*P* 为差分阶数，*N* 为检验方程对应项不存在；2. Δ 表示进行一阶差分。

① 统计量在 10% 水平上显著；②统计量在 5% 水平上显著；③统计量在 1% 水平上显著。

从表中数据得知，旅游供需耦合协调度 *D*、旅游产业化程度 *TID*、文化因素 *CF* 等 3 个变量的 LLC、ISP、ADF、PP 统计量均小于 1% 临界值，拒绝原假设，说明数据具有平稳性。而旅游资源优势度 *TRSD*、旅游市场潜力 *TMP*、经济发展

水平 *EDL*、制度因素 *IF*、对外开放程度 *EDD* 等时间序列水平的 LLC、ISP、ADF、PP 统计量在 0.01 ~0.10 水平下均不能拒绝原假设，即数据非平稳。对其进行一阶差分后，LLC、ISP、ADF、PP 的统计量分别小于 0.01 ~0.10 各种显著性水平下临界值，拒绝原假设，通过单位根检验，数据为平稳状态。

6.3.2.2 数据协整性检验

在单位根检验通过的基础上，进行多元数据关系的协整性检验。采用 EG 两步检验法对其残余方差和 HAC 方差的平稳性进行检验。检验结果见表 6-3，在原假定条件下，上述检验序列之间的 *P* 值均小于 0.05，且统计量也均小于临界值，残余方差和 HAC 方差也均呈现出平稳性，表明存在协整关系。因而，旅游供需耦合协调度与每一个影响因素变量之间存在一种长期均衡的发展关系，可以进行面板数据回归分析。

表 6-3 旅游供需耦合协调度影响因素的协整性检验结果

检验系列	ADF-T 统计	ADF-Prob	残余方差	HAC 方差
D&TID	-4.4922	0.0000②	0.000167	0.000131
D&TRSD	-4.1552	0.0000②	0.000165	0.000123
D&TMP	-0.3557	0.0002②	0.000166	0.000101
D&EDL	-3.5433	0.0002②	0.000166	0.000102
D&IF	-2.164	0.00152①	0.000170	0.000111
D&CF	-2.7450	0.0030①	0.000170	0.000115
D&EDD	-3.5773	0.0002②	0.000169	0.000116

① 统计值在 5% 水平上显著；②统计值在 1% 水平上显著。

6.3.3 面板数据模型选择

在实际应用中，依据所需构建模型结构对变量之间的关系进行理论上的判断，再进行模型检验，进而确定模型使用。对于面板数据模型的选择要参考研究对象特性进行估计。从截面上看，涉及 31 个省域，计算耦合协调度所涉及的旅游需求和旅游供给系统内部的指标要素差异较大，而旅游供需耦合协调的影响因素也存在较大的地域差异，同时各省域内部也有较强的差异。从时间序列来看，耦合协调度在研究期内呈现出较波动式增长，尽管增长趋势明显但增长幅度较小且不够稳定。变系数模型侧重对时间序列数据变化趋势的分析，而变截距模型侧重于截面之间的差异分析[237]。本研究中截面数据样本 31 个，时间序列样本 11 个，可以排除考虑变系数模型。而混合模型样本时间与截面序列上个体之间均不存在显著性差异，进而又可剔除混合模型的使用。因此，变截距模型较为适合于本研究。

变截距模型又包括固定效应模型和随机效应模型，根据相关学者的研究经验[238]，当随机抽象出来的某一个体不能代表样本的结果时，可以把截距项看作待估计参数，使用固定效应模型。而本研究所选取的31个样本并不是从总体中随机抽取样本，31个样本作为一个整体存在，因而固定效应模型更加适用于本研究。综上，对于旅游供需耦合协调影响机制的分析拟采用变截距固定效应模型。

根据模型估计与选择，利用Eviews软件对模型进行检验。变系数模型、变截距模型、混合回归模型的回归残差平方和（sum squared resid）分别为S_1、S_2、S_3，值为0.013271、0.043506、0.655874。测评地区N为31个，每个截面成员样本观测时期T为11，非常数项解释变量K为7个。经过计算得出检验统计量F_2、F_1分别为18.763、1.0089。根据F分布自由度，在Eviews命令窗口中输入信息，F_2(0.95，210，93)、F_1(0.95，240，93)，得到5%检验水平下的F_2、F_1临界值分别为1.344059、1.350400。由于统计量F_2值大于临界值，因此在5%的检验水平下拒绝相应的原假设H_1，继续检验原假设H_0。统计量F_1小于F分布临界值，接受5%检验水平下的原假设H_0，表明旅游供需耦合协调影响机制的样本数据拟合使用变截距模型是正确科学的。

确定变截距模型后，继续选择固定效应变截距模型或是随机效应变截距模型，使用Eviews中Hausman进行检验，结果见表6-4。Prob.值为0.0000，小于0.05，检验表中结果相当显著，拒绝原假设，原假设中随机效应影响模型中个体影响与解释变量不相关这一结论成立，不能选择随机效应模型。综上，旅游供需耦合协调影响机制的面板数据回归模型选择变截距固定效应模型，来对影响机制进行分析。

表6-4　模型识别与检验

Hausman 检验	Chi-Sq. Statistic	Chi-Sq. d. f.	Prob.
随机截面	119.721389	7	0.0000

6.3.4　面板数据回归结果分析

经过数据检验、模型选择与验证后，即可对旅游供需耦合协调的影响机制进行面板数据回归分析。选用固定效应变截距模型，对旅游供需耦合协调度和7个影响因素拟合分析，利用最小二乘法进行拟合，结果见表6-5。从总体上看，面板数据回归模型的相关系数R^2为0.988975，调整后R^2为0.987628，R^2及调整后R^2极高，充分表明旅游产业化程度、旅游资源优势度、旅游市场潜力、经济发展水平、制度因素、文化因素、对外开放程度等7个因素对旅游供需耦合协调度的解释能力极强。同时，F检验值为754.5701、显著性水平Prob.值为0.00000，在1%水平上非常显著；杜宾－瓦特森统计量DW值为1.238691，也在可接受水平范围之内，面板数据回归模型的拟合度极为显著。

表 6-5 旅游供需耦合协调度的影响因素模型估计

变量	系数	标准误差	t-Statistic	Prob.
C	0.326685	0.022141	14.75453	0.0000②
TID	0.003461	0.000642	5.389866	0.0000②
TRSD	0.025425	0.006592	3.856951	0.0001②
TMP	0.004196	0.003668	1.143681	0.2537
EDL	0.0191885	0.004345	4.415552	0.0000②
IF	0.189053	0.035157	5.377447	0.0000②
CF	-0.010200	0.058462	-0.174465	0.8616
EDD	-0.007897	0.002695	-2.930123	0.036①

① 统计量通过 5% 显著水平的检验；②统计量通过 1% 显著水平的检验。

观测旅游供需耦合协调度与 7 个影响因素的回归分析结果，在旅游产业化程度、旅游资源优势度、经济发展水平、制度因素、对外开放程度对旅游供需耦合协调影响的回归分析中，Prob. 值较为显著，通过 1% 或 5% 显著水平检验，说明这 5 个影响因素较为显著。而旅游市场潜力、文化因素对旅游供需耦合协调度的影响回归分析中，Prob. 值尚未通过显著性检验，说明这两个因素对旅游供需耦合协调度的影响并不显著。因此，将这两个变量剔除，进行第二次回归模型检验分析。结果见表 6-6。

表 6-6 旅游供需耦合协调度影响因素的修正模型估计结果

变量	系数	标准误差	t-Statistic	Prob.
C	0.327589	0.020934	15.64891	0.0000①
TID	0.003427	0.000641	5.350019	0.0000①
TRSD	0.025086	0.006566	3.820893	0.0002①
EDL	0.022777	0.002987	7.624495	0.0000①
IF	0.185305	0.034911	5.307887	0.0000①
EDD	-0.007803	0.002689	-2.901619	0.0040①

① 统计量通过 1% 显著水平的检验。

从表 6-6 旅游供需耦合协调影响机制的面板回归修正模型估计结果中看出，面板数据回归模型的拟合度 R^2 为 0.988927，调整后 R^2 为 0.987656，表明旅游产业化程度、旅游资源优势度、经济发展水平、制度因素、对外开放程度对于旅游供需耦合协调度的影响极为显著。F 统计量值为 778.2716，Prob. 值为 0.00000，通过 1% 水平的显著性检验，杜宾 - 瓦特森统计量 DW 为 1.238686，远低于 2，在可接受水平范围之内，模型总体拟合度极高。这 5 个影响因素对旅游供需耦合协调度的解释能力极强，可进一步对各变量和被解释变量之间的关系进行详尽剖析。

6.3.4.1　旅游产业化程度

旅游产业化程度与旅游供需耦合协调度的回归系数是 0.003427，*F* 统计量为 5.350019，小于统计量的临界值，且通过 1% 显著水平检验，表明旅游产业化程度对旅游供需耦合协调度有着显著影响。旅游产业化程度每提高 1 个百分点，旅游供需耦合协调度就会上升 0.34%，是典型的正向作用。反映旅游产业化作用在旅游供需耦合协调发展中的作用在不断增强，一方面，旅游产业化程度的提高推动旅游供给系统的不断完善与发展；另一方面旅游产业化程度的提高拉动旅游需求系统的不断增加，进而对旅游供需耦合协调产生较为积极的影响。

如图 6-3 所示，我国旅游产业化程度与旅游供需耦合协调度表现出较为一致的线性特征。大多数旅游产业化程度高的省域，旅游供需耦合协调度均较高。仅有河北、海南、贵州、西藏等 4 个省域表现出相反变化，其中，河北旅游产业化程度较低，但因其位于环渤海经济区，区位、交通优势明显，在京津城市圈的辐射下，旅游供需耦合协调发展仍较为良好。海南、贵州、西藏旅游产业化程度均较好，但受制于区位、交通、经济发展水平等多方面的影响，旅游业发展较为迟缓，旅游供需耦合协调发展能力较弱。其他 27 个省域则表现出旅游产业化水平和旅游供需耦合协调变化的一致性，说明旅游产业化水平对旅游供需耦合协调具有积极的正向促进作用。

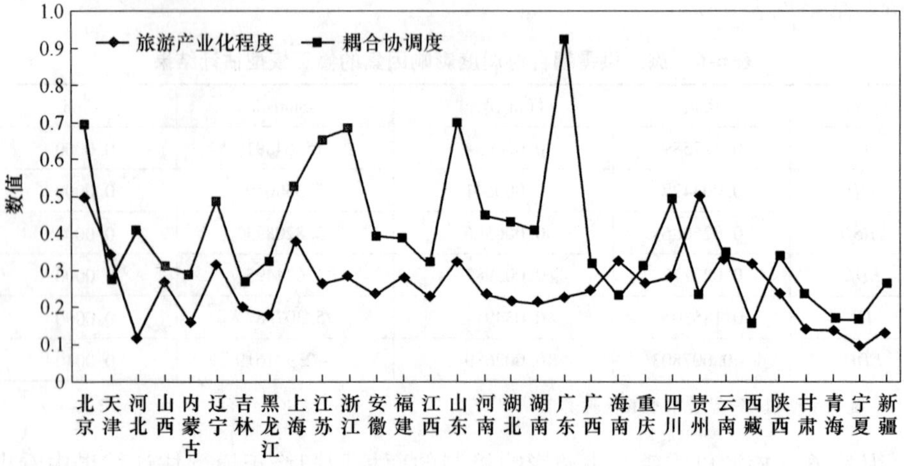

图 6-3　旅游产业化程度与旅游供需耦合协调度变化趋势

6.3.4.2　旅游资源优势度

旅游资源优势度与旅游供需耦合协调度的回归系数为 0.025086，*F* 统计量为 3.820893，且通过 1% 显著水平检验。表明旅游资源优势度与旅游供需耦合协调度之间具有正向显著相关性，旅游资源优势度每提升 1 个百分点，旅游供需耦合协调度会提高2.5086%。从各影响因素与旅游供需耦合协调度的回归系数对比来看，旅游资源优势度的回归系数较高，旅游资源优势度是众多影响因素中较为显著的，对于旅游供需耦合协调的影响最为关键。说明旅游供需耦合协调发展对旅游资源驱动的路径依赖显著，丰富的旅游资源是旅游供需耦合协调发展的基础条件。

我国旅游资源分布基本以"胡焕庸线"为分界，以东地区旅游资源丰富，以西地区旅游资源稀少。旅游资源优势度高的地区包括长三角地区、珠三角地区和川滇地区；旅游资源优势度低的地区包括青海、西藏、海南、天津、宁夏等地。将旅游资源优势度和旅游供需耦合协调度进行比对见表6-7，表中展示不同省域旅游资源优势度和耦合协调度的位序差异。将位序差异3位以内的视为是同步发展，意味着旅游资源优势度和旅游供需耦合协调度具有一定的相关关系；位序差异3位以上的视为错位发展。若旅游资源优势度位次低于旅游供需耦合协调度，则意味着旅游资源大大促进旅游供需耦合协调发展，旅游资源对于旅游供需耦合协调的积极影响程度较高；若旅游资源优势度位次高于旅游供需耦合协调度，则说明旅游资源并没有给区域旅游供需发展带来福祉，而是带去了资源诅咒效应。

表6-7　旅游资源优势度和旅游供需耦合协调度错位分析

省域	耦合协调度	位序	资源优势度	位序	省域	耦合协调度	位序	资源优势度	位序
广东	0.8120	1	1.2850	5	黑龙江	0.4876	17	0.9222	14
北京	0.6992	2	1.3245	2	重庆	0.4834	18	0.7416	18
江苏	0.6951	3	1.1171	9	广西	0.4797	19	0.7941	17
浙江	0.6779	4	0.8803	15	天津	0.4769	20	0.3888	28
山东	0.6706	5	1.0817	12	山西	0.4739	21	0.3934	26
上海	0.6365	6	0.6809	20	内蒙古	0.4666	22	0.6112	22
辽宁	0.5911	7	1.2884	4	江西	0.4657	23	0.6488	21
四川	0.5659	8	1.3721	1	新疆	0.4459	24	0.4140	25
福建	0.5511	9	0.8025	16	吉林	0.4373	25	0.5765	23
河南	0.5434	10	1.0861	11	贵州	0.4279	26	0.4956	24
湖北	0.5329	11	1.0962	10	海南	0.4161	27	0.3621	30
湖南	0.5327	12	1.2167	7	甘肃	0.3943	28	0.7009	19
河北	0.5204	13	0.9601	13	青海	0.3699	29	0.2950	31
安徽	0.5175	14	1.2110	8	西藏	0.3677	30	0.3669	29
陕西	0.5033	15	1.2291	6	宁夏	0.3569	31	0.3915	27
云南	0.5028	16	1.2937	3					

结果表明，旅游资源优势度高的地区，旅游供需耦合协调度不一定高，而旅游资源优势度低的地区旅游供需耦合协调度均较低。河南、北京、辽宁、湖北、河北、黑龙江、重庆、广西、内蒙古、江西、吉林、贵州、西藏、新疆、海南、青海等16个省域旅游资源优势度与旅游供需耦合协调度呈现出一致的相关性。广东、江苏、浙江、山东、上海、河南、天津、山西8个省域拥有便捷通达的交通条件、星罗棋布的旅游资源、山温水柔的环境氛围，旅游业发展较为快速，旅游禀赋得到合理利用，为区域旅游经济发展带来福音。四川、湖南、安徽、山西、云南、甘肃、宁夏等7个省域旅游资源优势度排名领先于旅游供需耦合协调度，说明旅游资源禀赋并未对区域发展带去正向影响与促进，存在资源诅咒的现象，即资源的优势并未转化为旅游供需发展的优势，反而成为其发展的制约。我国有24个省域旅游资源在不同程度上促进了旅游供需耦合协调发展，足以证明旅游资源优势对旅游供需耦合协调发展的促进作用。

6.3.4.3　经济发展水平

经济发展水平与旅游供需耦合协调度的回归系数为0.022777，统计量为7.624495，通过1%显著水平检验。充分说明经济发展水平与旅游供需耦合协调之间正向的、显著的相关关系，经济发展水平每上升1个百分比，旅游供需耦合协调度随之提高2.2777%。在众多影响因素中所发挥的效应较为凸显。经济发展水平高的地区旅游供需耦合协调度基本在较高水平上运行，而经济发展水平较低的地区，旅游供需耦合协调度较低。

东部地区拥有宜人的气候条件、优越的区位条件、完善的市场要素、先进的技术水平，所以其发展较为快速，而经济的快速发展必然为旅游业的发展带来更多的资源与市场。东部地区的北京、山东、江苏、浙江、上海、广东、福建、辽宁等地经济发展水平和旅游供需耦合协调度呈现出一致的发展方向。中部地区既没有东部地区良好的区位、便利的交通、发育完善的市场，也没有西部地区独有的原始风光和倾向性明显的政策引导，近年来中部地区在承接东部地区产业结构转移、转变发展方式等问题上加大投入，使得经济发展明显提升，和东部地区相比仍有较大差距。在这一经济发展背景下，中部地区旅游供需耦合协调发展不温不火，在中部地区内部，经济发展水平高的地区如河北、湖北、湖南、安徽、河南等，其旅游供需耦合协调度也较高。从西部地区来看，在西部大开发、“一带一路”畅议等发展政策的引导下，西部经济已悄然发展，新疆、陕西、重庆、青海、宁夏等经济发展水平已有所提高，但受制于区位条件、气候条件、资源环境等影响，旅游业发展尚未和经济发展实现同步，旅游供需耦合协调水平总体不高，在西部地区内部来看，经济发展水平高的地区，旅游供需耦合协调度相对较高，变化基本保持一致。

6.3.4.4　制度因素

以市场化指数为代表的制度因素与旅游供需耦合协调度的回归系数为

0.185305，统计量为5.307887，通过1%显著水平检验。说明制度因素对旅游供需耦合协调度有着显著影响，且影响较强。制度因素每提高1个百分比，旅游供需耦合协调度就会上升18.53%，在众多影响因素中，其发挥的效应最强。

制度因素对旅游需求、旅游供给及其关系都产生深刻影响，制度因素对旅游需求的数量和出游的方向会产生明显的、较大的刺激。制度因素对旅游供给的完善和提高的行动力与时效性均较强，进而对旅游供需关系产生明显影响。三大地带市场化指数分布见表6-8。

表6-8 三大地带市场化指数分布

区域	省份/市场化指数/排名
东部地区	广东0.2056（1）、上海0.1415（2）、福建0.1319（3）、北京0.1299（4）、浙江0.0815（5）、海南0.0786（8）、江苏0.0757（11）、天津0.0750（12）、辽宁0.0595（15）、山东0.0424（19）、河北0.0290（23）
中部地区	黑龙江0.0702（13）、湖南0.0442（18）、安徽0.0396（20）、湖北0.0349（21）、吉林0.0312（22）、山西0.0276（24）、江西0.0244（26）、河南0.0148（29）
西部地区	西藏0.1026（5）、云南0.0869（6）、内蒙古0.0765（10）、陕西0.0761（10）、广西0.0653（14）、新疆0.0543（16）、重庆0.054（17）、甘肃0.0245（25）、四川0.0206（27）、青海0.0199（28）、贵州0.0144（30）、宁夏0.0063（31）

（1）制度因素与旅游供需耦合协调度总体呈现出一定的线性特征。从我国制度因素发展情况来看，排名前10位有广东、上海、福建、北京、西藏、云南、浙江、海南、内蒙古、陕西，而这些省域大多数也是旅游供需耦合协调度高的区域；排名后10位有宁夏、贵州、河南、青海、四川、江西、甘肃、山西、河北、吉林，这些省域旅游供需耦合协调发展程度均较低（四川除外）。

（2）制度因素对旅游供需耦合协调度的影响具有差异。观察三大地带制度因素情况，东部地区市场化指数排名较高，排名前10位的东部地区占据5个；西部地区各省域市场化指数排名水平也较好，有4个省域进入前10名位置，而中部地区排名较为落后。东部地区市场化指数较高，制度因素对于旅游供需关系的促进作用凸显，而中部地区市场化指数对旅游供需关系的影响较弱，说明中部地区旅游制度变迁较为缓慢，制度红利和政策利好的完善空间较大。与中部地区相比，西部地区的旅游业为粗放型、市场发育滞后，需要不断进行制度引导与改革，政府在旅游业开发过程中起到至关重要作用。旅游产业在西部地区很大程度上还是"政府主导型产业"，很多西部地区纷纷将旅游业作为"战略性支柱产业"进行培育。在经济相对落后的地区，政府与市场关系往往对旅游业的发展具有决定性作用。

6.3.4.5 对外开放程度

对外开放程度与旅游供需耦合协调度的回归系数为－0.0078，统计量值为

-2.90162，显著性水平检验值 Prob. 为 0.004，通过 1% 显著水平检验。一方面说明对外开放程度与旅游供需耦合协调度之间的显著关系；另一方面，由于回归系数为负数，说明其关系为负相关关系，即对外开放程度每提升 1 个百分点，旅游供需耦合协调度就会下降 0.78%，二者形成较为显著的负相关。

对外开放程度对入境旅游需求和出境旅游需求均产生较大影响，江苏、广东、上海、北京、浙江、天津等省域对外开放程度较高，入境旅游者人数和出境旅游者人数均较高，而伴随着更多旅游者选择出境旅游，区域旅游需求形成逆差，旅游需求量随之减小。而对外开放程度对旅游供给的影响则表现为正向作用，对外开放程度高的地区旅游供给会更加完善。旅游需求减小，旅游供给增大，旅游供需耦合协调性必然会呈下降趋势。由此，对外开放程度对旅游供需耦合协调发展产生倒逼作用。

6.4　本章小结

旅游供需耦合协调发展的影响机制较为复杂，影响机制的分析起到承上启下的作用。一方面能够揭示旅游供需耦合协调发展的深层机理、原因与主要驱动力；另一方面，为旅游供需耦合协调的优化提供路径参考。通过本章研究，得出以下结论。

（1）构建旅游供需耦合协调影响机制的理论体系。包括内部机制和外部机制，内部机制包括旅游产业结构、旅游资源禀赋、旅游市场潜力、技术变革与创新；外部机制包括经济发展水平、制度因素、文化因素、对外开放程度。并对影响因素指标体系进行识别，通过代理变量来对影响机制进行表征。

（2）运用面板数据固定效应变截距模型，分析各影响因素对旅游供需耦合协调的作用程度。通过面板数据模型设计，数据平稳性与协整性检验，面板数据模型选择，最终确定运用固定效应变截距模型来分析影响因素。

（3）旅游产业化程度、旅游资源优势度、经济发展水平、制度因素、对外开放程度 5 个变量对旅游供需耦合协调发展的影响较为显著。旅游产业化在旅游供需耦合协调发展中的作用不断增强，有 27 个省域表现出旅游产业化水平和旅游供需耦合协调度变化的一致性。旅游资源优势度对旅游供需耦合协调的路径依赖显著，有 24 个省域表现出显著关系，7 个省域存在资源诅咒现象。以市场化程度为代表的制度因素对旅游供需耦合协调产生最为深刻的影响。对外开放程度与旅游供需耦合协调之间表现为负向相关关系，对外开放程度对旅游供需耦合协调发展产生倒逼作用。

7 旅游供需耦合协调的优化提升

7.1 旅游供需耦合协调的优化目标

从耦合协调理论来看，旅游需求和旅游供给作为旅游经济运行中的重要组成部分，既受到彼此的相互作用与影响，又受到来自旅游产业、资源禀赋、市场潜力、经济发展、制度因素、对外开放程度等众多因素的制约与影响，二者在同一时空序列下不断进行物质与能量的交换，进而促进彼此发展，最终达到从无序到有序、从杂乱到和谐、从消耗到共生的发展。

从旅游供需发展的实证研究来看，旅游需求系统、旅游供给系统及旅游供需耦合协调系统发展水平均偏低、稳定性不足、时间与空间差异明显、结构不匹配等问题凸显，旅游供需的不均衡、不和谐发展问题制约旅游业的高效发展。

2015 年，国家提出供给侧结构性改革，目标是在适度扩大总需求的同时，从生产领域加强优质供给，减少无效供给，扩大有效供给，提高供给结构适应性和灵活性，使供给体系更好适应需求结构变化。“十三五”旅游发展规划明确指出，“十三五”期间我国旅游业处于黄金发展期，同时也是结构调整期，其间矛盾凸显，最终要促进旅游业转型升级，增加有效供给，促进中高端产品开放，优化旅游供给结构，推动旅游业由低水平供需平衡向高水平供需平衡提升。

根据耦合协调的理论研究，结合旅游供需耦合协调的实证分析，参考我国旅游供给侧结构性改革发展的相关意见，确立旅游供需耦合协调的优化目标。一是调整旅游需求和旅游供给系统，旅游需求数量的增长，旅游需求结构与比例的合理化；旅游供给数量增多，质量与品质提升，结构合理化。二是使旅游供需在时间上、空间上、结构上得到协调发展。旅游供需匹配、对接、平衡、协调，旅游供给能更好地满足不同的旅游需求，进而达到旅游供需系统的相互促进、基本均衡、和谐共生的良性发展，旅游系统在发展中演变为更高级的系统，进而实现旅游业高质、高效、高速运转。

7.2 旅游供需耦合协调的优化路径

7.2.1 旅游供需数量方面的优化

前文研究表明，旅游需求和旅游供给系统综合评价指数均偏低，旅游需求和旅游供给数量明显不足。旅游需求系统和旅游供给系统轮番滞后，大多数年份和地区的旅游供需耦合协调度处于中等水平。旅游供给不能有效满足旅游需求，存在旅游需求和旅游供给数量方面的矛盾。

在旅游需求系统优化上，一方面应该加大力度提高旅游需求的数量，不断刺激旅游者的需求，通过产品策略、价格策略、市场手段将潜在旅游需求转为现实旅游需求。另一方面着重提高旅游需求系统的稳定性，避免其受危机事件或突发事件的显著影响。对于旅游需求系统发展水平较低的西部地区，应该立足于现实旅游需求，不断挖掘潜在旅游需求；对于旅游需求系统发展水平较好的东部地区应该创新新兴的旅游需求，引领未来旅游需求，使旅游需求数量全线提高。

在旅游供给系统优化上，对于旅游供给水平较高的东部地区应该加大旅游供给数量，不仅要保持原有旅游产品的供给数量，还要在新兴业态领域开发诸如修学游、中医中药游、自驾车游、亲子游、蜜月游等新兴旅游产品，增加有效旅游供给数量。对于旅游供给水平较低的西部和中部地区要注重弥补旅游供给系统内部环节的不足，增加旅游吸引物子系统中星级饭店数量、客房数量、旅行社数量；增大旅游服务子系统中服务人员的数量；提高旅游交通供给的运营能力，切实提高旅游有效供给数量以满足游客需求。

7.2.2　旅游供需质量方面的优化

旅游需求的质量表现为旅游需求的多元化，旅游需求的多元化可以从旅游者旅游产品选择、旅游服务方式、旅游者范畴、旅游者消费方式等方面来理解。旅游供给质量表现为旅游供给的多样化，包括旅游产品供给种类的丰富、供给销售渠道的灵活多样。

旅游需求多元化经历一个快速的历史演变，可概况为四个时期。第一个时期为旅游1.0时代，指20世纪80年代。旅游产品以自然风光、人文遗迹为主；旅行社提供全程大包服务；旅游需求者为城市商务人士、高端群体等少数人群，购买方式为到传统旅游店面进行旅游咨询与消费。第二个时期为旅游2.0时代，指20世纪90年代。旅游产品以自然风光、历史遗址、主题公园为主，旅行社提供随团集体、自由行等大包价、小包价旅游服务；旅游需求者由高端旅游者逐渐向城市中层居民过渡；旅游购买方式以传统旅行社和以线上旅游商为主，“机+酒”预订模式出现。第三个阶段为旅游3.0时代，指21世纪初期。旅游产品为温泉、海洋公园、农业旅游的观光度假、休闲体验；旅行社提供零售、全程大包价服务、定制组团等服务；旅游需求者为全民；旅游购买方式为传统旅行社和线上OTA为主，PC端逐渐过渡到手机客户端，随时预订、随手预订成为旅游消费习惯。第四阶段为旅游4.0时代，指2010年至今。旅游产品为自然、人文观光、主题乐园的休闲度假，深度温泉、农庄、田园、生态文化体验与高端私人定制；旅行社提供全程大包服务、代理服务、智慧服务等；旅游需求者为全民；旅游购买方式方面，OTA线上旅游全面开启，App报名与跟团广泛应用，全面进入智慧旅游模式。

面对旅游需求的产品类型、所需服务、购买方式等日益多元化，旅游供给方面也应该不断进行调整，以满足日益多元化的旅游需求。第一，深耕某一领域的产品细分及产品的主题化和特色化。将旅游产品按照不同年龄、不同层次、不同动机等多种角度进行细分，比如体育旅游、修学游、亲子游、美食游、养生游等旅游产品大类，在此基础上针对游客不同需求设计个性化、体验式的创新型旅游产品，满足多种旅游者的旅游需求。细分出的旅游产品均要体现出个性化、主题化、创新创意化的特征，发挥多种效应，满足多种旅游需求。第二，推动信息化与旅游供给的融合发展。在“旅游+”、“互联网+”大背景下，旅游销售模式可以具有多种形式和组合的出现，用创新生产和消费模式，促进游客深度参与，将为游客提供形态和内容更加丰富的旅游消费体验。

7.2.3 旅游供需时空差异方面的优化

7.2.3.1 引导错时旅游，缓解旅游供需时间上的矛盾

旅游需求、旅游供给和旅游供需耦合协调发展存在明显的时空尺度效应。旅游供需耦合协调在时间演变中表现出明显的波动性周期，在波动周期内又表现出淡季与旺季的矛盾。淡季旅游需求门可罗雀，而旺季旅游需求门庭若市；淡季旅游供给剩余闲置，而旺季旅游供给紧绷饱和，呈现出时间性过剩与时间性紧缺的局面。

形成这样的局面，很大程度上是由于我国休假和假期制度的不完善，在黄金周、春节假期及寒暑假等公共假期旅游需求集中释放，旅游供给应接不暇。旅游供给数量严重不足，质量大打折扣，旅游供给拥挤不堪，旅游景区负荷过载，旅游供给不足的背后是旅游者舒适度不高、体验度不够，满意度下降的减分项。于是越来越多工作时间相对自由宽松的旅游者改变旅游观念与意识，不再“扎堆”出游，而是青睐于选择较为时尚的、值得推崇的错时旅游，即错峰出行或旅游淡季出去游玩。错时旅游不仅缓解旅游交通、住宿、景区景点压力，利于节约旅游者的旅行成本，有助于提高旅游质量，旅游者无需在人堆里披荆斩棘，而可以悠哉地寄情于山水之间。在错时出游期间，旅游供给接待游客数量较少，可以实现旅游需求和旅游供给的良好匹配。

为更好引导游客进行错时旅游，缓解旅游供需时间上的矛盾，一方面需要政府、企业不断完善休假制度，政府固定节假日制度、企业完善员工年假制度，出台更多的旅游消费相关意见。为旅游者提供更多出游时间，减少旅游停留时间的约束。另一方面，高峰太热，低谷太冷，旅游企业应该跳出淡旺季的被动状态。通过产品价格、优质旅游服务来带动旅游淡季的兴旺化，公共假期旅游旺季的平

淡化，削峰填谷，使旅游供需得到合理匹配。

7.2.3.2 协调区域发展，缩小旅游供需空间上的差异

旅游供需耦合协调度在空间上呈现地带性与省域差异，一些地区旅游吸引物能力强、基础设施良好、服务水平较高、综合环境效应较好，基本能够满足旅游需求；而一些地区旅游吸引物不足、旅游服务设施不健全、基础设施配备不完善、服务水平参差不齐、综合环境效应较弱，无法满足旅游者的旅游需求，呈现出区域性协调与区域性短缺并存的局面。

第一，加强区域旅游线路的引导。东部地区旅游供需耦合协调度高，旅游供给得以较好利用，甚至一定时期内过度使用；而中部、西部地区旅游供需耦合协调度较低，旅游供给数量相比较少，且利用不够充分，存在闲置问题。对于东部地区应该着重引导出境游、国内长线游，对于中西部地区应该大力倡导周边游、省内游、国内游。第二，调整旅游产业布局方向。着重对中西部地区旅游产业要素的投入，完善中西部地区旅游供给。通过旅游产业布局的调整，缩小区域空间结构的差异。

7.2.4 旅游供需结构方面的优化

从总体上看，我国出现历史时期旅游供需在数量和结构上双重不足的局面，旅游供给满足不了旅游需求多元化要求，旅游供给结构内部比例失调，直接影响游客的出行体验，甚至导致近年来旅游需求的萎缩。为此，我国必须着力推进旅游供给侧改革，优化旅游供需结构，协调旅游供需关系。

从旅游需求角度来看，旅游中的六要素缺一不可，旅游供给要围绕旅游需求的要素进行横向结构配置。旅游吸引物、旅游交通、旅游服务、旅游环境四个子系统是旅游供给系统中必不可少的组成部分，是一个完整的链条和组合体，该链条中任何环节的不足都会影响旅游需求的体验。四个子系统在运行中遵循“木桶效应”，即旅游供给能力与质量并不取决于供给能力最强的部分，而是取决于供给能力最低的部分，也可以称为短板效应。构成组织的各个部分往往是优劣不齐的，而劣势部分往往决定整个组织的水平。因此，需要对“短板”进行补缺，只有“短板”水平提高，整个系统的能力才能提高。

中国旅游需求和旅游供给子系统耦合协调发展内部结构不均衡、不协调，旅游需求和旅游环境、旅游吸引物、旅游交通、旅游服务子系统的耦合协调作用强度依次减弱。同时旅游需求和旅游供给子系统耦合协调发展的区域不均衡性也较为凸显，导致供需错配，旅游者的旅游需求体验不高，旅游供给的效率较低。旅游供给四个子系统中长期偏倚于旅游景区、旅游住宿、旅游餐饮等核心旅游供给和旅游环境供给的打造，而旅游交通、旅游服供给系统供给严重不足，且旅游服务已成为当前中国旅游供需结构的短板。因此，要想提高旅游供给的质量和能

力，必须切实提高旅游服务质量，提高旅游交通便捷度，解决游客出行难的瓶颈制约。以供需对接为基础，按照“图钉原理”进行优化，按照旅游服务—旅游交通—旅游吸引物—旅游环境为序列，有步骤、有节奏地调整旅游供给内部结构，实现旅游供给从节点到全程全域的高效发展，而这也正是刺激旅游需求的强心剂。

7.3 旅游供需耦合协调的响应对策

（1）调整产业结构，促进产业转型升级，为旅游供需发展提供原动力。

旅游产业结构，作为旅游供需耦合协调发展的内部源动力，对旅游供需耦合协调发展具有显著的积极影响。中国旅游产业结构和旅游供需耦合协调发展表现出较为明显的一致性，均存在时空尺度差异。东部地区旅游产业结构发展较快，中部地区发展较为缓慢，西部地区发展相对滞后。针对不同地区的不同发展情况，采取不同的旅游产业结构调整对策，以期直接作用于旅游需求、旅游供给及旅游供需关系的改变。

1）东部地区旅游产业结构调整对策。

第一，加快旅游业和相关产业的融合，延伸旅游产业链条，形成旅游产业集群。依托现有的文化、体育、医疗、农林、交通、村镇和街区等各类社会资源，形成科技旅游、文化旅游、修学旅游、医疗旅游、房地产旅游等新业态和新兴旅游产品。旅游产业链条充分扩展和延伸，不断形成旅游产业集聚区。第二，培育大旅游企业、旅游企业集团，促进旅游产业结构优化。东部地区一些旅游企业的竞争优越已凸显，未来发展中应该加强对具有一定规模和发展潜力较大的企业的培植，使之成为旅游产业集群的核心，充分发挥龙头作用和辐射带动作用，逐步衍生和吸引更多相关企业，不断实现旅游各企业的无缝衔接。

2）中部地区旅游产业结构调整对策。

第一，加大旅游要素投入，促进旅游产业快速发展。中部地区旅游产业发展大环境不足，未来发展中积极改善旅游交通，加大旅游发展融资渠道，不断培育旅游专业人才，扶植旅游技术改革，共享旅游信息，促使旅游要素不断向中部地区集聚。第二，打造旅游核心产业，促进景区型旅游产业集聚。旅行社、旅游饭店、购物商品店等旅游企业，围绕旅游景区紧密聚集，形成一个个旅游服务企业集聚区，集聚区内部统一规范，共享设施、集体营销；集聚区之间加强合作，资源共享，合作营销。当一个个旅游景点集聚区壮大与联合后，逐渐形成旅游产业集聚区，由景区型集群向大旅游产业集群不断转型。

3）西部地区旅游产业结构调整对策。

第一，增加资金、技术、智力要素投入。西部地区旅游产业发展基础薄弱，旅游基础设施、服务设施、交通设施都需要改善，西部地区较慢的经济发展水平缺乏足够资金支持，应该不断加大资金的投入，引进技术与人才，逐渐由资源密集型向技术密集型转型。第二，打造社区型旅游产业集群。西部地区产业结构单一，旅游企业还包括大量的农户自营家庭，应该逐步推动家庭自营方式的发展，带动旅游社区建设，丰富与扩宽社区居民参与度。

（2）创新旅游资源，打造特色旅游精品，为旅游供需发展提供引领。

旅游资源作为旅游业赖以发展的根基，其创新体现在三个方面：第一，旅游资源开发的本身就是创新；第二，旅游资源是游憩需求与科技进步的函数，以创新思维认知旅游资源，并基于游憩需求的市场变化和科技的进步，设计旅游资源开发的模式和产品实现的途径，促进旅游资源创新；第三，旅游资源创新也包括旅游服务创新，服务创新是对旅游产品或服务的生产过程的改进或重新组合。

旅游供需耦合协调发展对于旅游资源优势度的路径依赖较为明显，丰富的旅游资源是旅游供需耦合协调发展的根源。中国省域旅游供需耦合协调发展对旅游资源的依赖具有一定时空尺度效应。因此，旅游资源对旅游供需耦合协调的路径依赖存在区域差异与尺度差异，应该进一步刺激旅游资源对旅游供需耦合协调的促进作用，而刺激的路径就是旅游资源的不断创新。

产生“旅游资源诅咒效应”的四川、湖南、安徽、山西、云南、甘肃、宁夏 7 个省域，对已开发的旅游资源，应该加大开发与规划力度，深入挖掘旅游资源品质，提升旅游产品特色，提高旅游服务质量，注重配套设施完善；对于尚未开发的旅游资源，应该进行合理的开发规划、创新设计，避免造成旅游资源的重复开发与建设。

其他 24 个省域旅游资源创新中，要不断挖掘旅游资源的文化属性，努力寻找旅游资源的“根”与“魂”，让旅游资源的存在历史变得时尚，让旅游资源的文化属性变得可亲，让旅游资源的自然存在可以接触，用创新旅游资源的大自然、活文化、深生态、真性情去走进旅游者的心，让旅游者可感、可知，能进得去，能走出来。如此，才能有真正的吸引力。不断将旅游资源创新和科学技术相合，这些省域具有较高的经济发展水平、较高的文化知识结构、较为开放与前卫的旅游者。应该加大力度对旅游资源的技术创新，实现旅游资源开发由传统化走向信息化与智能化，旅游资源由云计算走向云旅游，整合各类旅游资源进行云计算，从而为游客提供创新服务。

（3）培育区域经济，提倡集约增长，为旅游供需发展构建基础铺垫。

区域宏观经济对旅游供需耦合协调的影响效应较为凸显，不同的省域应采取不同的措施。经济发展水平的提高可以从三个方面来看，规模扩大、结构优化、水平提升。一般在经济发展的初期追求规模，中期强化结构、后期注重水平。

第一，东部地区的北京、上海、浙江、广东、江苏、山东经济发展较快，产业结构趋于合理，应该不断提高经济发展效率，提倡集约式、精明式增长。在经济增长的同时控制城市大幅度扩张、保护生态环境、服务地方发展，促进城乡、区域和谐以及人们生活质量提高。东部地区经济发展中历经了规模发展，结构调整后应该不断将提高经济发展的生态效应、社会效益作为其根本诉求，以此促进区域经济的高效发展，进而带动旅游供需的发展。第二，中部地区的陕西、江西、湖北、吉林、黑龙江应该着重对经济发展结构的调整，不断增加第三产业结构比例，使得产业结构趋于合理，以此来提升经济发展水平，促进旅游经济发展。第三，西部地区的西藏、青海、甘肃、新疆、内蒙古、贵州等省域应该多角度、广视野扩大经济发展规模，在经济发展规模的基础上改善经济发展结构，不断完善区域基础设施、交通设施等供给环境，进而为旅游供需的发展提供经济基础。

（4）加大制度创新，深化旅游体制改革，为旅游供需发展注入强劲力。

旅游业的持续快速发展，需要国家制度因素和政策环境的保障。追溯我国旅游业发展的历史进程，不难发现制度因素、体制改革、政府作用在推动国家和区域旅游业发展中发挥重要作用。在市场发育尚不完善的前提下，制度因素发挥决定性作用，但随着旅游业的逐步改革升级，市场主导发展模式将是旅游业未来发展的必然选择[239]。

制度因素对旅游业发展的影响遵循着旅游地生命周期理论，在不同时期行使不同的职责。萌芽期：引导基础设施建设，制定优惠政策，营造旅游发展大环境。成长期：打造旅游产业链条，培育龙头企业，扩宽融资渠道，培育专业人才。成熟期：引导企业分工，促进产业升级，规范企业经营，提供信息服务，促进资源共享。衰退期或复苏期：协助产业集群创新，开辟新兴市场，推动产业生产，引导集群复苏[240]。

制度因素对旅游供需耦合协调发展的影响具有一定差异。东部地区受到了制度福利恩惠，制度因素对旅游供需耦合协调发展的作用凸显。对于这些省域，大可不必过多干预，充分发挥市场调节作用，政府可适当对市场的盲目性、滞后性进行调整，以辅助作用为主。东部地区旅游业发展处于成熟或复苏阶段，政府可以加强引导企业分工，推动旅游产业升级；进一步规范旅游企业经营，营造规范化的旅游环境；大力提供信息服务，促进东部地区资源共享；强化旅游企业责任，构建旅游生态文明；协助产业集群创新，开辟新兴旅游市场。中部地区制度因素变迁较为缓慢，应该发挥以政府为主导的旅游业发展模式，推动制度创新，加强政策引领，不断释放制度红利，推动中部地区旅游业的快速发展。西部地区市场发育滞后，旅游业发展处于较为低级阶段，该区旅游业发展仍为政府主导旅游业发展模式。应继续将旅游业作为“战略性支柱产业”进行培育，打通西部地区旅游产业链条，培育龙头企业；制定土地、税收、项目准入、人才、资金等优惠政策。以此来不断刺激区域旅游需求，完善旅游供给，进而对旅游供需产生直接影响，全面推动区域旅游需求、旅游供给及其关系的发展。

(5) 提升文化品质，营造文化氛围，为旅游供需发展注入灵魂。

毋庸置疑，文化因素对于旅游供需耦合协调发展具有重要作用。文化是旅游的灵魂，而旅游是文化的载体，表达文化内涵、创造文化形式、传播文化精神。文化的发展目标可以概况为：以突出的特色为文化形式，以高雅的品位为文化内涵，以人本主义精神为文化本质[241]。文化形式指的是旅游资源独特性、环境独特性及二者之间的和谐；文化内涵指品类的丰富、味道的厚重、展示的精美及内涵与外延的协调；文化本质为文化建设中人本主义精神的充分体现，包括各类基本设施和配套设施为游客着想的程度、旅游工作者服务意识和精神、旅游管理者管理理念和价值。

文化因素对中国旅游供需耦合协调的影响也表现出区域性与时间性的差异，文化因素的打造在不同区域应采用不同的举措。东部和中部地区内部文化较为丰厚的省域，可以从两方面来进行建设。一是进一步提升文化内涵，扩展影响力。挖掘、凝练文化内涵，并用各种精美的外在形式展示文化，扩大省内省外、国内国外的影响力，形成高影响力、高感召力的文化旅游区域。二是促进本地社会文化的现代化。促进目的地社会文化在物质层面上的改善，例如，文化社会体不断增加，文化环境不断优化，文化服务的科技水平不断提高。推动目的地社会文化精神层面上的换面，人们的行为方式、情感态度、价值观念、消费观念等方面向现代化的转变。

对于西部和中部地区内部文化资本较弱的区域，一是加大文化要素的投入，树立文化形象，打造区域文化标识。加大对文化发展要素，包括科技、人才、技术、教育等方面的投入，为该区域文化发展提供良好铺垫，进一步缩小与东部地区的差距。在此基础上，深入挖掘自身文化形象与内涵，并树立主导文化形象，旅游产品的开发都应围绕这一文化形象的根和魂来进行。围绕文化形象打造区域文化标识，增强区域文化的知名度、感召力。二是促进传统文化的挖掘，延续文化传承。文化发展要开发与保护并举，在开发的同时要注重对传统文化的保护。例如，挖掘、整理、更新濒临消失的民间艺术、民风习俗、传统工艺等，将一些几乎被人遗忘了的文化形式在旅游发展中得到开发和恢复。

(6) 加强对外开放，开拓旅游外交，为旅游供需发展开放新格局。

对外开放对经济、社会发展产生重要影响，对外开放的方式包括经济对外开放、旅游对外开放、文化对外开放等。2013 年，国家主席习近平在俄罗斯中国旅游年开幕式上说，“旅游是传播文明、交流文化、增进友谊的桥梁”，“旅游是增强人们亲近感的最好方式”。2015 年全国旅游工作会议上，国家旅游局正式提出“旅游外交”概念，意味着旅游作为对外开放的一种形式，将迈进一个新的发展高度。

对外开放程度对旅游供需关系产生较大影响，具有时空尺度差异。对于江苏、广东、上海、北京、浙江、天津等对外开放程度较高的地区，尽管对外开放与旅游供需关系呈现出负向作用，但这一作用仅是当前一定时期所表现出的阶段性现象，不能因此僵化其发展。应该继续扩展对外开发的程度，使旅游需求和旅游供给走向国际化。立足国际化视野，从地方到世界，在对比中寻找到差异，弥补不足。运用国际化机制，从引入到创建，更新旅游业运转的诸多机制。开发国际化市场，从区域旅游市场不断拓展到全球旅游市场。培育国际化人才，从单一人才到复合人才的跨越。对于其他对外开放程度不高的区域而言，立足于自身发展，扩大影响力，不断扩大对外开放程度，进而逐渐实现旅游需求、旅游供给及旅游供需关系的和谐发展。

8 结论与展望

8.1 主要结论

旅游需求和旅游供给作为旅游经济运行的两大要素，寻求二者之间的平衡，协调二者之间的关系意义重大。伴随供给侧结构性改革的深入发展，旅游业在供给侧结构性改革中必将获得新的发展契机，担当新的发展使命。在理论与现实双重背景下，旅游供需关系一系列问题得到了众多学者及旅游业界的重新关注。旅游业应抓住供给侧结构性改革这一机遇，优化旅游供需结构，平衡旅游供需矛盾，推进我国旅游业高质、高效、高速发展。

本书对旅游供需耦合协调关系问题进行理论探讨与实证研究。基于传统区域经济增长理论、借助物理学的耦合协调理论，利用 2004 ~ 2014 年旅游需求和旅游供给的面板数据，遵循“理论基础—层次体系—模型构建—特征分析—机理挖掘—优化调整”的研究主线，综合运用耦合协调模型、熵值赋权法、HP 滤波分析法、重心坐标法、标准差椭圆法、面板数据变截距固定效应模型等方法，对中国 31 个省域旅游供需耦合协调的时空特征、结构特征和影响机制进行深入分析，并根据研究结果提出优化路径与对策。通过本研究，得出以下结论。

（1）旅游供需耦合协调理论的诠释。重构旅游需求和旅游供给系统的层次体系，旅游需求系统囊括游客规模、旅游收入、旅游停留时间、旅游者行为等四个子系统；旅游供给系统划分为旅游吸引物、旅游交通、旅游服务、旅游环境等四个子系统。阐释旅游供需耦合协调原理，即旅游需求和旅游供给系统通过内部要素彼此能量的交换，形成相互影响、相互制约的耦合交互体，二者在同一时空序列中彼此协调发展，共同构成有序、和谐、共生的旅游供需耦合协调系统。

（2）旅游需求和旅游供给系统的综合评价水平表现出明显的上升趋势。2004 ~ 2014 年旅游需求、旅游供给系统的综合评价指数均偏低，两系统呈现局部波动而整体上升的变化趋势。各地区旅游需求、旅游供给系统的综合评价水平差距较大，旅游需求系统排名前三位为广东、江苏、北京；排名后三位有甘肃、宁夏、青海。旅游供给系统前三位的为广东、山东、北京；排名后三位的为西藏、宁夏、青海。经检验两系统呈显著相关关系，旅游供给滞后为历史特征，旅游需求滞后渐显扩大。

（3）旅游供需耦合协调的时空演变特征明显。时序演变特征方面：2004 ~ 2014 年中国旅游供需耦合协调度处于中等水平，尽管个别年份有所下滑，但总体为绝对的上升态势；经历3次波动周期，每一次波动周期均为先升后降的特点。空间演变特征方面：1）空间地带性——旅游供需耦合协调发展水平沿中国东、中、西三大地带呈阶梯状分布，发展水平上有较大的差距，但发展趋势上有相一致的增长态势；2）空间集聚性——高值区6个省连点成线，呈倒U形分布，沿东南沿海北上蔓延，次高值区围绕高值区紧密布局，沿东部沿海逐渐向内陆扩展，次低值区逐渐打破初期的片状、中期的带状，沿边境地带向中部推移，低值区5个省形成僵局；3）空间演变性——高值区沿东北—西南方向分布，并向东西两侧过度，高值区在空间分上越发集中，低值区在空间分布上越发分散；4）空间等级性特征——旅游需求和旅游供给耦合协调等级为勉强协调，不同省域等级存在较大差异，最高的广东省为良好协调，发展最慢的西藏为轻度失调。

（4）旅游需求和旅游供给子系统耦合协调的结构特征分明。总体特征方面：旅游需求和旅游环境、旅游吸引物、旅游交通、旅游服务子系统的耦合协调度依次减弱；旅游需求和旅游供给各子系统耦合协调度差异显著，两极分化严重，研究期内情况尚未扭转。时序演变特征方面：旅游需求和旅游供给子系统耦合协调度均呈增长趋势，D_3 显著增长，D_1、D_4 有一定程度的增长，D_2 缓慢增长；波动周期性有所不同，D_1、D_4 波动周期明显，D_3 波动周期微弱，D_2 未捕捉到周期性。空间演变特征方面：1）空间地带性——沿三大地带呈现明显的阶梯差异，各地带内又呈现出明显的等级差异，D_4 空间地带性最强烈，D_3 空间地带性较凸显，D_2、D_1 空间地带性稍弱；2）空间集聚性——D_1 高值区和次高值区连点成线、面状布局，次低值和低值区为带状、点状分布，D_2 高值区和次高值区为零散的点轴分布，次低值区和低值区表现为面状聚集，D_3 高值区和次高值区为零星存在，次低值区和低值区表现为大范围面状聚集，D_4 高值区和低值区各占据半壁江山；3）空间方向性与演变性——D_1 分布范围广而分散，高值区沿东北—西南走向分布，并由东部向中部过度，D_2 分布范围更为集中，东北—西南方向性减弱，向东部逐渐收缩，D_3 集中趋势明显，高值区南北方向分布，D_4 略微集中，高值区逐渐向北扩散；4）空间等级性——旅游需求和旅游供给各子系统的耦合协调发展等级均为濒临失调，处于中级发展水平，不同省域又表现出差异明显的耦合协调等级。

（5）旅游供需耦合协调发展的影响机制显著。基于旅游产业结构、旅游资源禀赋、市场潜力、技术变革与创新、经济发展水平、制度因素、文化因素、对外开放程度等8个影响因素，构建旅游供需耦合协调的内外部影响机制。通过面板数据的检验与模型的选择，确定使用面板数据变截距固定效应模型对旅游供需耦合协调的影响机制进行分析。旅游产业化在旅游供需耦合协调中的作用不断增强，有27个省域表现出旅游产业化水平和旅游供需耦合协调变化的一致性。旅游资源禀赋对旅游供需耦合协调的路径依赖显著，有24个省域表现出显著关系，

7个省域存在旅游资源诅咒现象。以市场化程度为代表的制度因素对旅游供需耦合协调发展产生最为深刻的影响。对外开放程度与旅游供需耦合协调发展表现为负相关关系，对旅游供需耦合协调发展产生倒逼作用。

(6) 旅游供需耦合协调的优化策略。旅游供需耦合协调的优化既考虑时空特征和结构特征、又兼顾影响机制的作用，在确立优化目标的基础上，提出四个方面的优化路径：旅游供需数量优化、旅游供需质量优化、旅游供需时空差异优化、旅游供需结构优化。在旅游供需耦合协调的发展中，同样应该注重影响机制的作用，提出六个方面响应对策：调整产业结构，促进产业转型，为旅游供需发展提供原动力；创新旅游资源，打造特色旅游精品，为旅游供需发展提供引领；培育区域经济，提倡集约增长，为旅游供需发展构建基础铺垫；加大制度创新，深化旅游体制改革，为旅游供需发展注入强劲力；提升文化品质，营造文化氛围，为旅游供需发展注入灵魂；加强对外开放，开拓旅游外交，为旅游供需发展开放新格局。

8.2　主要创新点

(1) 重构旅游需求和旅游供给系统的层次体系，将旅游需求系统和旅游供给系统分别划分为四个层次，丰富旅游供需耦合协调理论的内涵。明确旅游供需耦合协调原理，认为旅游需求和旅游供给系统通过内部要素彼此能量的交换，形成相互影响、相互制约的耦合交互体，二者在同一时空序列中彼此协调发展，共同构成有序、和谐、共生的旅游供需耦合协调系统。构建旅游供需耦合协调影响机制的理论体系，包括八大影响因素组成的内、外部影响机制，丰富了旅游供需耦合协调的理论内涵和外延。

(2) 将空间分析方法引入到旅游供需耦合协调特征的研究之中。研究中结合要素间的相互关系，借鉴人文地理学空间分析视角，引入耦合协调模型、熵值赋权法、HP滤波分析法、重心坐标法、标准差椭圆法对旅游供需耦合协调的时序特征、空间特征和结构特征进行分析，提高结果的合理性和科学性，得到了不同于传统研究的分析结果。

(3) 利用面板数据变截距固定效应模型对旅游供需耦合协调的影响机理进行研究，首次将该方法引入此方面的研究之中。通过面板数据模型的设计、数据平稳性与协整性检验、面板数据模型的理论与检验选择，最终确定运用变截距固定效应模型来分析影响因素。实现了对旅游供需耦合协调纵深方向的探索性研究，加强对其延伸性与理性的认知。

(4) 建立旅游供需耦合协调研究的框架与范式。立足于地理学视角，在审视和吸纳旅游供需均衡理论、区域经济增长理论、旅游流理论、旅游地生命周期理论、可持续发展理论的有益成分基础上，将旅游供需耦合协调关系作为一种客观存在的旅游经济现象，建立旅游供需关系研究的框架与范式：层次体系构建、指标与模型构建、测度方法论证、测度结果评价、时空特征分析、结构特征分析、影响机制剖析、优化路径探讨。在特征分析中，创造性地从外部化表象特征的纵向层面和内部化结构特征的横向层面进行细致分析。在影响机制剖析中，提出不同影响因素的作用与时空尺度效应。在优化策略分析中，建设性地提出优化路径与响应对策，揭示区域旅游供需关系发展的实际情况，为旅游供需关系的协调发展及旅游供给侧结构性改革提供科学借鉴。

8.3 研究不足与展望

(1) 旅游供需耦合协调的理论体系研究在追求跨学科融合时，更应该注重挖掘本学科的特色与深度。旅游供需关系的理论与实证研究中，吸纳了众多学科的精髓与优势，建立了多学科融合的旅游供需耦合协调相关理论。未来研究中，应该不断扩展其研究的深度，而不再一味重视研究的宽度，从旅游需求、旅游供给、旅游供需关系本身出发，深化对概念、理论的探讨，逐步形成研究的相对共识，为该学科领域积累丰厚的理论研究成果。

(2) 旅游供需耦合协调的实证研究在重视大尺度的宏观研究时，不能忽视小尺度空间单元的作用。研究中讨论了全国层面和省级层面旅游供需耦合协调发展的相关问题。研究尺度较大，研究范围覆盖较广，但尚未实现从更小的空间单元洞察相关问题。倘若将研究尺度细化到市域甚至县域层面，将会得出更加具体、更加具有说服力的结论。因此，小尺度范围的旅游供需耦合协调研究发展有待深化，也是未来努力突破的方向。

(3) 旅游供需耦合协调的研究数据有待进一步补充。研究中涉及旅游需求系统和旅游供给系统方面的大量数据，数据的可获取性和准确性至关重要。囿于数据的获取，旅游需求系统层次体系构建中，仅选用现实旅游需求这一部分，包括游客规模、旅游收入、旅游停留时间、旅游者行为四个部分，而对于大量的潜在旅游需求尚未列入研究之中。在未来研究中，需要不断对潜在旅游需求的相关数据进行积累，或者进行问卷调查的形式来获取相关数据，以全面、系统地表征旅游需求。

附　录

附录1　2004～2014年旅游需求系统综合评价指数表

省、自治区、直辖市	2004年	2005年	2006年	2007年	2008年	2009年	2010年	2011年	2012年	2013年	2014年
北京	0.7064	0.6644	0.6526	0.6462	0.5971	0.5763	0.5773	0.5235	0.5403	0.4975	0.5443
天津	0.3770	0.3595	0.3540	0.3586	0.3510	0.3545	0.3641	0.2893	0.3947	0.3903	0.3359
河北	0.3005	0.3045	0.3092	0.2775	0.2583	0.2795	0.2993	0.2806	0.3032	0.3268	0.3352
山西	0.2752	0.2590	0.3041	0.2779	0.2755	0.3038	0.3038	0.2687	0.3248	0.2932	0.3273
内蒙古	0.2842	0.3019	0.2595	0.2875	0.2830	0.2918	0.2853	0.3020	0.3265	0.3002	0.3432
辽宁	0.4093	0.4053	0.4090	0.4322	0.4291	0.4688	0.4758	0.4194	0.4590	0.4337	0.4524
吉林	0.2321	0.2310	0.2075	0.2325	0.2419	0.2536	0.2448	0.2429	0.2677	0.2512	0.2957
黑龙江	0.3165	0.2890	0.3140	0.3058	0.3209	0.3113	0.3221	0.3158	0.3227	0.3023	0.3114
上海	0.6734	0.6528	0.5992	0.5820	0.5643	0.5514	0.5925	0.4952	0.5238	0.4834	0.5195
江苏	0.6564	0.6513	0.6664	0.6562	0.6578	0.6524	0.6386	0.5581	0.6107	0.5730	0.6206
浙江	0.5173	0.5313	0.5173	0.5222	0.5111	0.5251	0.5115	0.4710	0.5521	0.5224	0.5732
安徽	0.3035	0.2941	0.2917	0.2768	0.2832	0.3041	0.3084	0.3273	0.3778	0.3597	0.3736
福建	0.4275	0.4546	0.4327	0.4387	0.4400	0.4639	0.5172	0.4259	0.4223	0.4167	0.4034
江西	0.2440	0.2682	0.2615	0.2480	0.2403	0.2712	0.2556	0.2425	0.2879	0.2638	0.2953
山东	0.4411	0.4375	0.4498	0.4588	0.4580	0.4787	0.4910	0.5420	0.5059	0.4675	0.5016
河南	0.3096	0.3208	0.3561	0.3440	0.3259	0.3279	0.3013	0.2947	0.3916	0.3420	0.3673
湖北	0.3030	0.2839	0.2984	0.2934	0.2834	0.3041	0.3270	0.3189	0.3503	0.3500	0.3815
湖南	0.3707	0.3646	0.3605	0.3482	0.3512	0.3560	0.3532	0.3214	0.3533	0.3299	0.3528
广东	0.8052	0.7908	0.7767	0.7659	0.8173	0.8293	0.8181	0.7665	0.8431	0.8349	0.8637
广西	0.2848	0.3480	0.2914	0.2759	0.2640	0.2765	0.2985	0.2728	0.3183	0.3006	0.3411
海南	0.2282	0.2317	0.2563	0.2339	0.2363	0.2600	0.2649	0.2758	0.2431	0.2329	0.2649
重庆	0.2987	0.2922	0.3031	0.3024	0.2830	0.3208	0.3148	0.3028	0.3491	0.3203	0.3618
四川	0.3671	0.3646	0.3712	0.3600	0.2850	0.3135	0.3433	0.3106	0.3767	0.3576	0.3981
贵州	0.2593	0.2606	0.2568	0.2681	0.2473	0.2604	0.2697	0.2401	0.2867	0.2638	0.3177
云南	0.3152	0.3096	0.3209	0.3105	0.3061	0.3103	0.3192	0.3175	0.3768	0.3242	0.3598
西藏	0.2343	0.2269	0.2222	0.1929	0.1784	0.2366	0.2217	0.2446	0.2519	0.2305	0.2541
陕西	0.3191	0.3595	0.3370	0.3303	0.3208	0.3321	0.3155	0.3204	0.3721	0.3257	0.3660
甘肃	0.1933	0.1839	0.1882	0.1862	0.1717	0.1763	0.1554	0.1886	0.1779	0.1698	0.1781
青海	0.2017	0.2055	0.2199	0.2296	0.2229	0.2211	0.2132	0.2211	0.1975	0.1883	0.2449
宁夏	0.1806	0.1721	0.1646	0.1748	0.1791	0.1807	0.1903	0.2027	0.1683	0.1787	0.2402
新疆	0.2593	0.2809	0.2545	0.2599	0.2467	0.2323	0.2642	0.2857	0.2853	0.2507	0.2787

附录 2　2004～2014 年旅游供给系统综合评价指数表

省、自治区、直辖市	2004 年	2005 年	2006 年	2007 年	2008 年	2009 年	2010 年	2011 年	2012 年	2013 年	2014 年
北京	0.6976	0.6946	0.6909	0.7195	0.6792	0.7178	0.6749	0.6988	0.6779	0.7019	0.7080
天津	0.2532	0.2741	0.2645	0.2609	0.2718	0.2858	0.2649	0.2818	0.2825	0.2981	0.2752
河北	0.3896	0.4005	0.4368	0.4080	0.4095	0.4210	0.3977	0.4215	0.4222	0.4367	0.4174
山西	0.3021	0.3107	0.3083	0.2911	0.2937	0.3128	0.3112	0.3147	0.3178	0.3196	0.3013
内蒙古	0.2425	0.3149	0.2791	0.2819	0.2756	0.2896	0.2875	0.2907	0.2937	0.3101	0.3085
辽宁	0.4885	0.4970	0.5286	0.5145	0.5044	0.4717	0.4915	0.4681	0.4692	0.4791	0.4663
吉林	0.2708	0.2616	0.2556	0.2537	0.2665	0.2746	0.2710	0.2584	0.2596	0.2748	0.2493
黑龙江	0.3035	0.3175	0.3245	0.3216	0.3063	0.3240	0.3342	0.3282	0.3193	0.3332	0.3369
上海	0.5580	0.5512	0.5826	0.5179	0.5021	0.5139	0.4912	0.5082	0.5199	0.5261	0.5160
江苏	0.5821	0.6041	0.6257	0.6444	0.6408	0.7036	0.6627	0.6307	0.6775	0.7025	0.7339
浙江	0.6850	0.6890	0.6709	0.6818	0.6684	0.6644	0.6539	0.6774	0.6944	0.7159	0.7151
安徽	0.3291	0.3309	0.3354	0.3490	0.3785	0.3861	0.4079	0.4197	0.4261	0.4654	0.4611
福建	0.3541	0.4194	0.3551	0.3547	0.3950	0.3635	0.3727	0.3874	0.4068	0.4179	0.4079
江西	0.2874	0.3018	0.3022	0.3018	0.3176	0.3257	0.3128	0.3126	0.3162	0.3362	0.3210
山东	0.5785	0.6127	0.6918	0.7010	0.7192	0.7483	0.7366	0.7393	0.7311	0.7476	0.7467
河南	0.4152	0.4398	0.4496	0.4552	0.4238	0.4730	0.4360	0.4351	0.4311	0.4543	0.4631
湖北	0.4041	0.4144	0.4254	0.4106	0.3980	0.4266	0.4184	0.4190	0.4326	0.4827	0.4820
湖南	0.3938	0.4124	0.4033	0.4160	0.3898	0.4109	0.3942	0.3854	0.3785	0.4144	0.4139
广东	0.8912	0.9174	0.9195	0.9373	0.8774	0.9019	0.9322	0.9606	0.9620	0.9600	0.9496
广西	0.3166	0.3275	0.3244	0.3169	0.2993	0.3230	0.3119	0.3002	0.3083	0.3246	0.3171
海南	0.2207	0.2296	0.2294	0.2158	0.2095	0.2172	0.2178	0.2243	0.2291	0.2189	0.2251
重庆	0.2747	0.2925	0.2811	0.2948	0.2914	0.3108	0.3095	0.3222	0.3330	0.3557	0.3587
四川	0.5260	0.4957	0.5070	0.4919	0.4598	0.4942	0.4519	0.4596	0.4819	0.5065	0.5111
贵州	0.2134	0.2295	0.2086	0.2186	0.2309	0.2387	0.2254	0.2177	0.2301	0.2722	0.2744
云南	0.3510	0.3624	0.3689	0.3502	0.3314	0.3341	0.3194	0.3159	0.3845	0.3478	0.3579
西藏	0.1870	0.1708	0.1647	0.1771	0.1480	0.1546	0.1780	0.1393	0.1428	0.1342	0.1330
陕西	0.2951	0.3151	0.3176	0.3205	0.3247	0.3339	0.3454	0.3613	0.3640	0.3903	0.3915
甘肃	0.2051	0.2145	0.2100	0.2099	0.2298	0.2427	0.2432	0.2417	0.2462	0.2585	0.2472
青海	0.1648	0.1844	0.1700	0.1709	0.1643	0.1645	0.1735	0.1576	0.1563	0.1532	0.1572
宁夏	0.1362	0.1458	0.1487	0.1529	0.1595	0.1728	0.1790	0.1703	0.1744	0.1724	0.1719
新疆	0.2479	0.2618	0.2582	0.2583	0.2512	0.2497	0.2832	0.2691	0.2772	0.2830	0.2878

附录3　2004～2014年旅游需求和旅游吸引物子系统耦合协调度表

省、自治区、直辖市	2004年	2005年	2006年	2007年	2008年	2009年	2010年	2011年	2012年	2013年	2014年
北京	0.7237	0.6924	0.6910	0.6988	0.6792	0.6720	0.6718	0.6692	0.6161	0.6404	0.6511
天津	0.3765	0.3732	0.3729	0.3704	0.3718	0.3608	0.3561	0.3466	0.3778	0.3680	0.3561
河北	0.4599	0.4720	0.4916	0.4577	0.4711	0.4811	0.4616	0.4941	0.5087	0.5103	0.5166
山西	0.4032	0.4127	0.4305	0.4057	0.4114	0.4341	0.4245	0.4278	0.4486	0.4267	0.4287
内蒙古	0.3656	0.3920	0.4063	0.4047	0.4133	0.4158	0.4286	0.4377	0.4507	0.4420	0.4603
辽宁	0.5706	0.5627	0.5769	0.5639	0.5646	0.5734	0.5655	0.5487	0.5587	0.5445	0.5454
吉林	0.3403	0.3441	0.3426	0.3376	0.3560	0.3518	0.3691	0.3592	0.3679	0.3825	0.3775
黑龙江	0.4042	0.3970	0.4083	0.3847	0.4092	0.4104	0.4206	0.4251	0.4152	0.4213	0.4387
上海	0.6291	0.6039	0.6115	0.5768	0.5823	0.5639	0.5811	0.5870	0.5917	0.5785	0.5981
江苏	0.6929	0.6907	0.7231	0.7001	0.7179	0.7349	0.7041	0.7065	0.7314	0.7309	0.7465
浙江	0.6729	0.6786	0.6619	0.6649	0.6916	0.6531	0.6738	0.6839	0.7051	0.7021	0.7210
安徽	0.4506	0.4396	0.4419	0.4507	0.4686	0.4575	0.5022	0.5282	0.5496	0.5483	0.5580
福建	0.4771	0.4850	0.4928	0.5022	0.5054	0.5013	0.5278	0.5172	0.5253	0.5230	0.5219
江西	0.3645	0.3907	0.3967	0.3877	0.4086	0.4149	0.4151	0.4117	0.4284	0.4233	0.4366
山东	0.6199	0.6423	0.6793	0.6922	0.7173	0.7161	0.7233	0.7430	0.7210	0.7086	0.7249
河南	0.4930	0.5190	0.5515	0.5562	0.5493	0.5643	0.5236	0.5297	0.5595	0.5348	0.5325
湖北	0.4940	0.4912	0.5097	0.4835	0.4868	0.5101	0.5102	0.5188	0.5376	0.5556	0.5734
湖南	0.4689	0.4870	0.4971	0.4861	0.5024	0.5063	0.4942	0.4843	0.4977	0.4833	0.4963
广东	0.8018	0.8069	0.8075	0.8014	0.7798	0.7632	0.7995	0.8072	0.8291	0.8293	0.8353
广西	0.4395	0.4619	0.4638	0.4478	0.4418	0.4316	0.4288	0.4220	0.4422	0.4438	0.4676
海南	0.3278	0.3345	0.3522	0.3251	0.3394	0.3458	0.3452	0.3282	0.3292	0.3139	0.3262
重庆	0.3827	0.3812	0.3970	0.3974	0.4106	0.4196	0.4234	0.4347	0.4580	0.4490	0.4747
四川	0.5163	0.5042	0.5260	0.5026	0.4776	0.5304	0.5039	0.5181	0.5413	0.5478	0.5511
贵州	0.3114	0.3269	0.3397	0.3350	0.3999	0.3813	0.3737	0.3421	0.3705	0.3707	0.3942
云南	0.4934	0.4996	0.5445	0.5076	0.5191	0.4906	0.4629	0.4730	0.4756	0.4759	0.5018
西藏	0.1849	0.1883	0.1917	0.1996	0.2103	0.2478	0.2368	0.1959	0.2460	0.1992	0.1990
陕西	0.4264	0.4401	0.4550	0.4420	0.4641	0.4569	0.4699	0.4846	0.5028	0.4921	0.5036
甘肃	0.3164	0.3270	0.3470	0.3396	0.3448	0.3426	0.3556	0.3687	0.3771	0.3714	0.3725
青海	0.2235	0.2338	0.2401	0.2442	0.2571	0.2539	0.2421	0.2539	0.2401	0.2369	0.2757
宁夏	0.2237	0.2326	0.2289	0.2098	0.1911	0.1956	0.2133	0.2050	0.2093	0.1900	0.2056
新疆	0.4004	0.4016	0.4129	0.3963	0.4220	0.4112	0.4292	0.4416	0.4456	0.4233	0.4326

附录4　2004～2014年旅游需求和旅游交通子系统耦合协调度表

省、自治区、直辖市	2004年	2005年	2006年	2007年	2008年	2009年	2010年	2011年	2012年	2013年	2014年
北京	0.6605	0.6931	0.6866	0.7159	0.6914	0.6956	0.6636	0.6801	0.6984	0.6865	0.7018
天津	0.3648	0.4364	0.4397	0.4304	0.4334	0.4504	0.4378	0.4339	0.4744	0.4844	0.4612
河北	0.4375	0.4903	0.4882	0.4774	0.4412	0.4524	0.4588	0.4557	0.4686	0.4947	0.4814
山西	0.3740	0.4119	0.4148	0.4090	0.3878	0.4051	0.3996	0.3958	0.4187	0.4326	0.4179
内蒙古	0.3577	0.4150	0.4023	0.4083	0.3800	0.4019	0.3757	0.3832	0.3965	0.4038	0.4018
辽宁	0.5244	0.5830	0.5739	0.5832	0.5668	0.5070	0.5766	0.5544	0.5636	0.5795	0.5760
吉林	0.4488	0.4277	0.4106	0.4273	0.4303	0.4457	0.4406	0.4329	0.4451	0.4412	0.4480
黑龙江	0.4705	0.5124	0.5257	0.5157	0.4935	0.5030	0.5005	0.4997	0.5011	0.4906	0.4996
上海	0.5917	0.6299	0.6540	0.5976	0.5682	0.5708	0.5667	0.5580	0.5749	0.5587	0.5565
江苏	0.5755	0.6292	0.6074	0.6400	0.5855	0.6024	0.5926	0.5864	0.6002	0.6226	0.6402
浙江	0.6124	0.6511	0.6215	0.6360	0.5865	0.5909	0.5875	0.5842	0.6096	0.6354	0.6405
安徽	0.4194	0.4579	0.4493	0.4490	0.4318	0.4502	0.4475	0.4654	0.4855	0.5229	0.5278
福建	0.4563	0.5050	0.4586	0.4668	0.4377	0.4528	0.4750	0.4701	0.4816	0.4960	0.4947
江西	0.3695	0.4095	0.3879	0.3955	0.3828	0.3888	0.3756	0.3872	0.4047	0.4173	0.4151
山东	0.5129	0.5709	0.5830	0.5886	0.5702	0.5956	0.5881	0.6075	0.6094	0.5928	0.6055
河南	0.4548	0.5196	0.5133	0.5126	0.4725	0.4843	0.4722	0.4723	0.5154	0.5411	0.5457
湖北	0.4560	0.4810	0.4814	0.4869	0.4510	0.4593	0.4747	0.4695	0.4898	0.5209	0.5295
湖南	0.4960	0.5344	0.5152	0.5226	0.4616	0.4723	0.4738	0.4641	0.4739	0.5305	0.5327
广东	0.7332	0.7560	0.7361	0.7612	0.7762	0.7832	0.7801	0.7850	0.8015	0.7923	0.8025
广西	0.3864	0.4350	0.4081	0.4083	0.3781	0.3974	0.3916	0.3904	0.4107	0.4195	0.4277
海南	0.3207	0.3386	0.3377	0.3279	0.3000	0.3081	0.3233	0.3551	0.3582	0.3482	0.3539
重庆	0.3947	0.4243	0.4086	0.4243	0.3855	0.3876	0.3922	0.4010	0.4287	0.4514	0.4581
四川	0.5562	0.5748	0.5698	0.5745	0.4979	0.5130	0.5271	0.5265	0.5571	0.5384	0.5794
贵州	0.3834	0.4183	0.3810	0.3994	0.3410	0.3571	0.3663	0.3592	0.3835	0.4310	0.4484
云南	0.3957	0.4301	0.4182	0.4218	0.3845	0.3780	0.3886	0.3843	0.4065	0.4274	0.4339
西藏	0.3876	0.3671	0.3388	0.3717	0.2806	0.2941	0.3902	0.2417	0.2358	0.1901	0.1967
陕西	0.3979	0.4626	0.4504	0.4607	0.4426	0.4540	0.4552	0.4704	0.4826	0.4912	0.4968
甘肃	0.2740	0.3190	0.3017	0.3154	0.3103	0.3230	0.3090	0.3330	0.3282	0.3401	0.3301
青海	0.3221	0.3944	0.3736	0.3804	0.3518	0.3524	0.3759	0.3573	0.3419	0.3133	0.3236
宁夏	0.1889	0.2412	0.2676	0.2655	0.2786	0.2930	0.3115	0.3083	0.3146	0.3212	0.3334
新疆	0.3850	0.4360	0.4065	0.4247	0.3829	0.3747	0.4590	0.4280	0.4377	0.4469	0.4534

附录5　2004～2014年旅游需求和旅游服务子系统耦合协调度表

省、自治区、直辖市	2004年	2005年	2006年	2007年	2008年	2009年	2010年	2011年	2012年	2013年	2014年
北京	0. 6561	0. 6309	0. 6261	0. 6168	0. 6016	0. 6571	0. 6452	0. 6027	0. 6168	0. 5966	0. 6097
天津	0. 3400	0. 3451	0. 3457	0. 3340	0. 3454	0. 3774	0. 3849	0. 3491	0. 3627	0. 3605	0. 3496
河北	0. 4325	0. 4362	0. 4607	0. 4416	0. 4402	0. 4780	0. 4545	0. 4447	0. 4425	0. 4529	0. 4507
山西	0. 3927	0. 3832	0. 4120	0. 3750	0. 3909	0. 4307	0. 4395	0. 4088	0. 4182	0. 3969	0. 3967
内蒙古	0. 2910	0. 4356	0. 3152	0. 3196	0. 3155	0. 3528	0. 3537	0. 3399	0. 3453	0. 3349	0. 3503
辽宁	0. 5260	0. 4956	0. 5420	0. 5209	0. 5297	0. 5658	0. 5505	0. 4992	0. 5014	0. 4950	0. 5028
吉林	0. 2917	0. 2919	0. 2912	0. 2874	0. 2945	0. 3229	0. 2971	0. 2871	0. 2893	0. 2876	0. 2967
黑龙江	0. 3545	0. 3386	0. 3709	0. 3752	0. 3650	0. 3837	0. 4107	0. 3801	0. 3797	0. 3718	0. 3717
上海	0. 5733	0. 5688	0. 5700	0. 5290	0. 5373	0. 5945	0. 5834	0. 5326	0. 5467	0. 5277	0. 5489
江苏	0. 5916	0. 5727	0. 5971	0. 5833	0. 6007	0. 6722	0. 6568	0. 6102	0. 5969	0. 6006	0. 6311
浙江	0. 5976	0. 5819	0. 6056	0. 5858	0. 5957	0. 6522	0. 6216	0. 6017	0. 6235	0. 6148	0. 6354
安徽	0. 4020	0. 3871	0. 4067	0. 3927	0. 4564	0. 4869	0. 4899	0. 4816	0. 4838	0. 4813	0. 4852
福建	0. 4326	0. 5296	0. 4481	0. 4199	0. 5220	0. 4867	0. 4937	0. 4695	0. 4892	0. 4778	0. 4807
江西	0. 3723	0. 3971	0. 4179	0. 3910	0. 4059	0. 4425	0. 4147	0. 3903	0. 4066	0. 3971	0. 4062
山东	0. 5754	0. 5649	0. 6006	0. 5844	0. 6062	0. 6600	0. 6582	0. 6437	0. 6277	0. 6188	0. 6353
河南	0. 4425	0. 4332	0. 4600	0. 4315	0. 4176	0. 4897	0. 4709	0. 4425	0. 4481	0. 4219	0. 4601
湖北	0. 4543	0. 4517	0. 4629	0. 4397	0. 4487	0. 4961	0. 4988	0. 4731	0. 4793	0. 4931	0. 5044
湖南	0. 4420	0. 4476	0. 4563	0. 4458	0. 4739	0. 5067	0. 4935	0. 4680	0. 4523	0. 4352	0. 4445
广东	0. 7770	0. 7712	0. 7860	0. 7577	0. 7622	0. 8323	0. 8295	0. 7842	0. 8012	0. 7943	0. 8066
广西	0. 4081	0. 4412	0. 4217	0. 3888	0. 3806	0. 4366	0. 4421	0. 4097	0. 4208	0. 4127	0. 4191
海南	0. 3252	0. 3586	0. 3659	0. 3311	0. 3473	0. 3714	0. 3547	0. 3690	0. 3488	0. 3243	0. 3567
重庆	0. 4043	0. 4103	0. 3998	0. 4545	0. 4023	0. 4601	0. 4460	0. 4287	0. 4346	0. 4286	0. 4605
四川	0. 5743	0. 5335	0. 5614	0. 5083	0. 5070	0. 5447	0. 5571	0. 5203	0. 5338	0. 5488	0. 5296
贵州	0. 2800	0. 2926	0. 2927	0. 2944	0. 3072	0. 3052	0. 3154	0. 2933	0. 3104	0. 3314	0. 3632
云南	0. 4237	0. 4272	0. 4293	0. 4159	0. 3763	0. 4328	0. 4357	0. 4140	0. 5333	0. 4361	0. 4687
西藏	0. 1877	0. 1885	0. 1852	0. 1758	0. 1607	0. 1927	0. 1751	0. 1810	0. 1800	0. 1754	0. 1738
陕西	0. 3787	0. 3986	0. 4030	0. 3878	0. 3806	0. 4208	0. 4167	0. 4044	0. 4175	0. 4076	0. 4449
甘肃	0. 2623	0. 2573	0. 2805	0. 2844	0. 3197	0. 3561	0. 3390	0. 3166	0. 3129	0. 2989	0. 2955
青海	0. 1872	0. 1974	0. 2057	0. 1932	0. 1844	0. 2106	0. 2251	0. 2014	0. 1916	0. 1920	0. 2181
宁夏	0. 1957	0. 1915	0. 1882	0. 1879	0. 2113	0. 2190	0. 2207	0. 2064	0. 2048	0. 2126	0. 2232
新疆	0. 3100	0. 3117	0. 3272	0. 3183	0. 3073	0. 3175	0. 3164	0. 3201	0. 3292	0. 3194	0. 3295

附录6　2004～2014年旅游需求和旅游环境子系统耦合协调度表

省、自治区、直辖市	2004年	2005年	2006年	2007年	2008年	2009年	2010年	2011年	2012年	2013年	2014年
北京	0.7293	0.7178	0.7107	0.6908	0.6749	0.6829	0.6744	0.6554	0.6578	0.6559	0.6722
天津	0.5138	0.5143	0.4872	0.4929	0.5079	0.5211	0.4902	0.4894	0.5108	0.5367	0.4809
河北	0.4956	0.4932	0.5232	0.4741	0.4922	0.4959	0.5197	0.5067	0.5067	0.5249	0.5084
山西	0.4319	0.4483	0.4418	0.4287	0.4431	0.4540	0.4583	0.4472	0.4612	0.4606	0.4677
内蒙古	0.4462	0.4613	0.4483	0.4696	0.4760	0.4815	0.4780	0.4879	0.4906	0.5059	0.5167
辽宁	0.5172	0.5238	0.5163	0.5301	0.5464	0.5554	0.5597	0.5436	0.5561	0.5520	0.5437
吉林	0.3922	0.4143	0.3924	0.3991	0.4270	0.4318	0.4216	0.4083	0.4150	0.4246	0.3942
黑龙江	0.4228	0.4207	0.4040	0.4042	0.4288	0.4400	0.4483	0.4460	0.4333	0.4566	0.4489
上海	0.7186	0.7075	0.6809	0.6745	0.6633	0.6591	0.6573	0.6320	0.6401	0.6527	0.6337
江苏	0.6645	0.6711	0.6695	0.6820	0.7069	0.7058	0.7050	0.6176	0.6971	0.6715	0.6931
浙江	0.6685	0.6783	0.6591	0.6605	0.6596	0.6642	0.6569	0.6457	0.6716	0.6568	0.6578
安徽	0.4505	0.4563	0.4474	0.4507	0.4644	0.4742	0.4802	0.4907	0.4970	0.5119	0.4989
福建	0.5566	0.5698	0.5449	0.5483	0.5617	0.5653	0.5775	0.5556	0.5500	0.5633	0.5290
江西	0.4237	0.4455	0.4224	0.4237	0.4422	0.4602	0.4567	0.4470	0.4575	0.4726	0.4593
山东	0.5943	0.6024	0.6213	0.6195	0.6254	0.6324	0.6374	0.6524	0.6431	0.6532	0.6433
河南	0.4832	0.5046	0.5069	0.5128	0.5093	0.5132	0.4986	0.5021	0.5210	0.5240	0.5344
湖北	0.4785	0.4686	0.4695	0.4694	0.4738	0.4824	0.4876	0.4872	0.4933	0.5138	0.5089
湖南	0.5051	0.5159	0.4905	0.5006	0.4889	0.4963	0.4930	0.4830	0.4874	0.4945	0.4987
广东	0.7542	0.7390	0.7153	0.7116	0.7214	0.7243	0.7177	0.7048	0.7097	0.7146	0.6915
广西	0.4428	0.4620	0.4241	0.4322	0.4366	0.4490	0.4549	0.4414	0.4489	0.4623	0.4489
海南	0.3834	0.3829	0.3813	0.3754	0.3705	0.3868	0.4045	0.4128	0.3983	0.3993	0.4049
重庆	0.4360	0.4425	0.4331	0.4264	0.4447	0.4650	0.4711	0.4833	0.4927	0.5007	0.4865
四川	0.5074	0.4995	0.4849	0.4862	0.4765	0.4998	0.5064	0.4976	0.5133	0.5176	0.5215
贵州	0.3721	0.3904	0.3554	0.3749	0.3836	0.4377	0.3990	0.3948	0.4129	0.4283	0.4248
云南	0.4732	0.4715	0.4380	0.4349	0.4562	0.4658	0.4681	0.4674	0.4775	0.4745	0.4598
西藏	0.3924	0.3799	0.3790	0.3584	0.3463	0.3747	0.3578	0.3769	0.3753	0.3716	0.3740
陕西	0.4524	0.4766	0.4479	0.4535	0.4700	0.4795	0.4759	0.4808	0.4960	0.5060	0.4989
甘肃	0.3772	0.3863	0.3581	0.3385	0.3515	0.3528	0.3390	0.3656	0.3589	0.3846	0.3788
青海	0.3413	0.3359	0.3209	0.3249	0.3291	0.3230	0.3152	0.2777	0.2875	0.3016	0.3188
宁夏	0.3154	0.3279	0.3176	0.3476	0.3633	0.3889	0.3937	0.3869	0.3666	0.3619	0.3914
新疆	0.4110	0.4019	0.3646	0.3700	0.3684	0.3671	0.3668	0.3805	0.3799	0.3675	0.3966

参考文献

[1] Clive L A dynamic international demand model [J]. Annals of Tourism Research, 1998, 25 (1): 70 - 84.

[2] Teresa Gar ín Muñoz. German demand for tourism in Spain [J]. Tourism Management, 2007, 28 (1): 12 - 22.

[3] Kevin K. F. Wong, Haiyan Song, Kaye S. Chon. Bayesian models for tourism demand forecasting [J]. Tourism Management, 2006, 27 (5): 773 - 780.

[4] Christine A. Martin, Stephen F. Witt. Forecasting tourism demand: A comparison of the accuracy of several quantitative methods [J]. International Journal of Forecasting, 1989, 5 (1): 7 - 19.

[5] Pilar Gonzalez, Paz Moral. Analysis of tourism trends in Spain [J]. Annals of Tourism Research, 1996, 23 (4): 739 - 754.

[6] Kevin Greenidge. Forecasting tourism demand: An STM approach [J]. Annals of Tourism Research, 2001, 28 (1): 98 - 112.

[7] Rebecca Summary. Estimation of tourism demand by multivariable regression analysis evidence from Kenya [J]. Tourism Management, 1987, 8 (4): 317 - 332.

[8] Sevgin Akis. A compact econometric model of tourism demand for Turkey [J]. Tourism Management, 1998, 19 (1): 99 - 102.

[9] Bill Faulkner , Peter Valerio. An integrative approach to tourism demand forecasting [J]. Tourism Management, 1995, 16 (1): 29 - 37.

[10] Rob Law. Back-propagation learning in improving the accuracy of neural network-based tourism demand forecasting [J]. Tourism Management, 2000, 21 (4): 331 - 340.

[11] Kent M, Newnham R, Essex S. Tourism and sustainable water supply in Mallorca: a geographical analysis [J]. Applied Geography, 2002, 22 (4): 351 - 374.

[12] Gössling S, Peeters P, Hall CM. Tourism and water use: Supply, demand, and security-An international review [J]. Tourism Management, 2012, 33 (1): 1 - 15.

[13] Ells H. The impact of future food supply on food and drink tourism [J]. The Future of Food Tourism: Foodies, Experiences, Exclusivity, Visions and Political Capital, 2015: 62 - 74.

[14] Chengfei L, Huang H. The attractiveness of Taiwan as a bicycle tourism destination: a supply-side approach [J]. Asia Pacific Journal of Tourism Research, 2014, 19 (3): 273 - 299.

[15] Csete M, Szécsi N. The role of tourism management in adaptation to climate change-a study of a European inland area with a diversified tourism supply [J]. Journal of Sustainable Tourism, 2015, 23 (3): 477 - 496.

[16] Lundmark L, Muller DK. The supply of nature-based tourism activities in Sweden [J]. Tourism, 2010, 58 (4): 379 - 393.

[17] Albalate D, Bel G. Tourism and urban public transport: Holding demand pressure under supply constraints [J]. Working Papers, 2008, 31 (3): 425 - 433.

[18] Marcouiller D W, Prey J. The tourism supply linkage Recreational sites and their related natural

amenities [J]. Journal of Regional Analysis and Policy, 2005, 35 (1): 23 -32.

[19] Font X, Tapper R, Schwartz K, et al. Sustainable supply chain management in tourism [J]. Business Strategy and the Environment, 2008, 17 (4): 260 -271.

[20] Muhcină S, Popovici V. Logistics and supply chain management in tourism [J]. Amfiteatru Economic Journal, 2008, 10 (24): 122 -132.

[21] Yang S, Huang G Q, Song H Y, et al. Game-theoretic approach to competition dynamics in tourism supply chains [J]. Journal of Travel Research, 2009, 47 (4): 425 -439.

[22] Zhang X, Song H, Huang G Q. Tourism supply chain management: A new research agenda [J]. Tourism Management, 2009: 30 (3): 345 -358.

[23] Pellegrin romeggio F, Leszczyńska D. Dynamic tourism supply chain assembly: a new lever for managerial innovation [J]. Supply Chain Forum, 2013, 14 (1): 28 -40.

[24] Zailani S, Iranmanesh M, Yusof N, et, al. Effects of service supply chain practices on the profitability of tourism firms [J]. Anatolia, 2015, 26 (4): 612 -623.

[25] Adriana B. Environmental supply chain management in tourism: The case of large tour operators [J]. Journal of Cleaner Production, 2009, 17 (16): 1385 -1392.

[26] Dong JF, Shi Y, Liang L, et, al. Comparative analysis of underdeveloped tourism destinations' choice of cooperation modes: A tourism supply-chain model [J]. Tourism Economics, 2012, 18 (6): 1377 -1399.

[27] Smith SLJ. Defining tourism: a supply-side view [J]. Annals of Tourism Research, 1988, 15 (2): 179 -190.

[28] Kozak N. A classification and analysis of cities based on tourism supply resources in Turkey [J]. Tourism Analysis, 2006, 10 (4): 361 -368.

[29] Papageorgiou G C. The human dimension of tourism supply-side perspectives [J]. Annals of Tourism Research, 2008, 35 (1): 211 -232.

[30] Riley M, Szivas E. Tourism employment and poverty: revisiting the supply curve [J]. Tourism Economics, 2009, 15 (2): 297 -305.

[31] Lopez P F. Geography of tourism in Spain: some comments on the spatial pattern of tourism demand and accommodation supply [J]. Documents d'Analisi Geografica, 1988, 13: 35 -64.

[32] Schoppner A. Holidays in a farm house: a study of supply and use structures in the Federal Republic of Germany from the point of view of tourism [J]. Materialien zur Raumordnung, 1988, 36: 186.

[33] Wöber K W. Information supply in tourism management by marketing decision support systems [J]. Tourism Management, 2003, 24 (3): 241 -255.

[34] Kozak N, Uysal M, Birkan I. An analysis of cities based on tourism supply and climatic conditions in Turkey [J]. Tourism Geographies, 2008, 10 (1): 81 -97.

[35] Buccellato T, Webber D, White S. A proposed methodology for nowcasting the demand and supply estimates of tourism activities [J]. Economic and Labour Market Review, 2010, 4 (10): 62 -73.

[36] Leiper N. Tourist attraction systems [J]. Annals of Tourism Research, 1990, 17 (3):

367 – 384.

[37] Cooper C, Fletcher J, Gilbert D, et al. Tourism principles and practice [M]. New York: Longman Press, 1998.

[38] Gunn C A, Turgut Var. Tourism planning: Basics concepts cases [M]. New York: Rout Ledge, 2002.

[39] Pearce DG. Tourist development: a geographical analysis [M]. New York: Longman Press, 1995.

[40] Chokre Q. Co-integration analysis of quarterly European tourism demand in Tunisia [J]. Tourism Management, 2008, 29 (1): 127 – 137.

[41] Emanuela M, Raffaele P. Different tourists to different destinations: Evidence from spatial interaction models [J]. Tourism Management, 2013, 39 (6): 71 – 83.

[42] Kim SS, Jerome A, Heesung L, et al. Effects of Korean television dramas on the flow of Japanese tourists [J]. Tourism Management, 2007, 28 (5): 1340 – 1353.

[43] Haiyan S, Larry D, Gang L, et al. Tourism economics research: A review and assessment [J]. Annals of Tourism Research, 2012, 39 (3): 1653 – 1682.

[44] Richard B. Tourism in the future: cycles, waves or wheels [J]. Futures, 2009, 41 (6): 346 – 352.

[45] Korel G. Tourism and governance in Turkey [J]. Annals of Tourism Research, 2000, 27 (4): 1025 – 1048.

[46] Sven A H, Havard N. Development of tourism destinations: An intergrated multilevel perspective [J]. Annals of Tourism Research, 2011, 38 (1): 268 – 290.

[47] Steven T, Simon M. Museums: A supply-side perspective [J]. Annals of Tourism Research, 1999, 26 (3): 613 – 631.

[48] Werner B T. Mcnamara D E. Dynamics of coupled human-landscape systems [J]. Geomorphology, 2007, 91 (3): 393 – 407.

[49] Albalate D, Bel G. Tourism and urban public transport: Holding demand pressure under supply constraints [J]. Tourism Management, 2010, 31 (3): 425 – 433.

[50] Yaron E, Daniel F. Airport relocation and expansion and the estimation of derived tourist demand: The case of Eilat, Israel [J]. Journal of Air Transport Management, 2012, 24 (5): 54 – 61.

[51] Ricardo O, Maria I P, Rui C M. Efficiency performance of the Algarve hotels using a revenue function [J]. International Journal of Hospitality Management, 2013, 35: 59 – 67.

[52] Vani K B. The supply of hotel rooms in Queensland, Australia [J]. Annals of Tourism Research, 1999, 26 (4): 985 – 1003.

[53] Henry T, Boomi K, Ronnie J Y, et al. Examining the hotel room supply and demand in Las Vegas: A simultaneous equations model [J]. Hospitality Management, 2006, 25: 517 – 524.

[54] Jan W, Roslyn R, Bill F. Condominium developments in maturing destinations: Potentials and problems of long-term sustainability [J]. Tourism Management, 2003, 24: 155 – 168.

[55] Sandra C, Gountas Y, Gilbert D. Tour operators and destination sustainability [J]. Tourism

Management, 1997, 18 (7): 425 -431.

[56] Stroma C. A political ecology of water equity and tourism: A case study from Bali [J] Annals of Tourism Research, 2012, 39 (2): 1221 -1241.

[57] 张辉. 旅游经济学 [M]. 西安: 陕西旅游出版社, 1991.

[58] 谢彦君. 基础旅游学 [M]. 北京: 中国旅游出版社, 1999.

[59] 保继刚, 楚义芳, 彭华. 旅游地理学 [M]. 北京: 高等教育出版社, 1993.

[60] 王艳平. 对"旅游需求"概念及其影响因子分析的深度认识 [J]. 桂林旅游高等专科学校学报, 2005 (3): 10 -12.

[61] 李丰生, 高元衡, 赵赞. 旅游需求函数的研究 [J]. 经济地理, 2003, 23 (5): 710 -712.

[62] 欧阳润平, 胡晓琴. 国内外旅游需求研究综述 [J]. 南京财经大学学报, 2007 (3): 80 -83.

[63] 翁钢民, 徐晓娜, 尚雪梅. 我国城市居民国内旅游需求影响因素分析 [J]. 城市问题, 2007 (4): 31 -35.

[64] 雷平, 施祖麟. 我国国内旅游需求及影响因素研究 [J]. 人文地理, 2009, 24 (1): 102 -105.

[65] 张洪, 程振东, 王先凤. 城市居民国内旅游需求影响因素分析及对策研究 [J]. 资源开发与市场, 2014, 30 (6): 763 -768.

[66] 朱湖英, 许春晓. 不同收入城市居民文化旅游需求差异研究——以长沙市不同收入居民对凤凰古城的旅游需求为例 [J]. 北京第二外国语学院学报, 2006 (1): 38 -41.

[67] 吴普, 葛全胜, 齐晓波, 等. 气候因素对滨海旅游目的地旅游需求的影响——以海南岛为例 [J]. 资源科学, 2010, 32 (1): 157 -162.

[68] 王铮, 袁宇杰, 熊文. 重大事件对上海市入境旅游需求的影响——基于 ADL 模型的分析 [J]. 旅游学刊, 2010, 25 (4): 44 -49.

[69] 颜麒, 吴晨光, 叶浩彬. 离岛免税政策对海南省旅游需求影响效应实证研究 [J]. 旅游学刊, 2013, 28 (10): 47 -51.

[70] 李享, Mark Banning Taylor, Phoebe Bai Alexander. 中国老年人出国旅游需求与制约——基于北京中老年人市场调查 [J]. 旅游学刊, 2014, 29 (9): 35 -43.

[71] 成英文, 王慧娴, 张辉. 实际汇率和收入影响下的国际出境旅游需求变动趋势——基于 55 个国家面板数据的分析 [J]. 经济管理, 2014, 36 (3): 118 -125.

[72] 姚沛, 刘喜波, 张茜. 基于双对数线性模型的北京市入境旅游需求影响因素分析 [J]. 数学的实践与认识, 2011, 41 (11): 15 -23.

[73] 王纯阳, 黄福才. 基于 VAR 模型的入境旅游需求影响因素研究——以美国客源市场为例 [J]. 江西财经大学学报, 2010 (1): 39 -45.

[74] 王纯阳, 黄福才. 基于一般到简单建模法的入境旅游需求研究 [J]. 统计研究, 2010, 27 (5): 87 -95.

[75] 崔凤军, 张建忠, 杨永慎. 泰山旅游需求时空分布规律及旅游者行为特征的初步研究 [J]. 经济地理, 1997 (3): 62 -67.

[76] 黄华, 王洁, 明庆忠, 王峰. 基于本地旅游需求驱动的旅游地空间系统重构 [J]. 旅游

学刊，2012，27（9）：40－45.
［77］滕丽，王铮，蔡砥．中国城市居民旅游需求差异分析［J］．旅游学刊，2004，19（4）：9－13.
［78］韦福巍，甘永萍．基于旅游需求的广西入境旅游时空变化研究［J］．热带地理，2009，29（5）：489－494.
［79］张建辉，毕燕，张颖．中国城市居民旅游需求空间差异及变化研究［J］．旅游学刊，2010，25（2）：29－35.
［80］朱沁夫，伏加丽，隆云滔．中国国内旅游需求特征分析：1993～2009［J］．旅游研究，2011，3（4）：9－13.
［81］徐晓娜，翁钢民．基于SOM网络的城市居民旅游需求区域差异研究［J］．统计与决策，2007（24）：107－109.
［82］黎洁，韩飞．基于可计算一般均衡模型（CGE）的江苏入境旅游需求变化对地区经济的影响分析［J］．旅游学刊，2009，24（12）：23－30.
［83］谢慧明，沈满洪，李中海．中国城市居民旅游需求函数的实证研究［J］．旅游学刊，2014，29（9）：24－34.
［84］唐晓莉，李山．区域间旅游需求溢出测度的缺口模型及其验证［J］．旅游学刊，2016，31（6）：17－37.
［85］赵西萍，王磊，邹慧萍．旅游目的地国国际旅游需求预测方法综述［J］．旅游学刊，1996（6）：28－32.
［86］任来玲，刘朝明．旅游需求预测方法文献述评［J］．旅游学刊，2006，21（8）：90－92.
［87］陶伟，倪明．中西方旅游需求预测对比研究：理论基础与模型［J］．旅游学刊，2010，25（8）：12－17.
［88］孙根年，薛佳．中国城乡居民国内旅游需求预测［J］．城市问题，2009（1）：68－72.
［89］张郴，张捷．中国入境旅游需求预测的神经网络集成模型研究［J］．地理科学，2011，31（10）：1208－1212.
［90］李君轶，杨敏．基于Web数据挖掘的旅游需求分析与预测［J］．旅游科学，2007，21（6）：47－52.
［91］李志龙，陈志钢，覃智勇．基于支持向量机旅游需求预测［J］．经济地理，2010，30（12）：2122－2126.
［92］贾鹏，刘瑞菊，孙瑞萍，杨忠振．基于BP神经网络的邮轮旅游需求预测［J］．科研管理，2013，34（6）：77－83.
［93］章杰宽，朱普选．动态粒子群算法优化灰色神经网络的旅游需求预测模型研究［J］．管理评论，2013，25（3）：60－66.
［94］奥格尼恩，张广瑞，杨冬松．在旅游供给计划中旅游营销活动的协调［J］．旅游学刊，1988（4）：15－20.
［95］李万立，李平，贾跃千．旅游供应链“委托—代理”关系及风险规避研究［J］．旅游科学，2005，19（4）：22－27.
［96］路科．旅游业供应链新模式初探［J］．旅游学刊，2006，21（3）：30－33.

[97] 李万立，燕浩鹏，李平．关于旅游供应链研究中几个问题的思考——兼与路科同志商榷［J］．旅游学刊，2007，22（9）：92－96.
[98] 徐虹，周晓丽．旅游目的地供应链概念模型的构建［J］．旅游科学，2009，23（5）：15－20.
[99] 石园，黄晓林，张智勇，等．基于信息共享的旅游供应链合作预测问题研究［J］．经济地理，2013，33（6）：170－175.
[100] 郑四渭，方芳．虚拟集群式旅游供应链模型构建研究［J］．旅游学刊，2014，29（2）：46－54.
[101] 李爽．旅游公共服务供给机制研究［D］．厦门：厦门大学，2008.
[102] 李爽，黄福才，钱丽芸．旅游公共服务多元化供给：政府职能定位与模式选择研究［J］．旅游学刊，2012，27（2）：13－22.
[103] 叶全良，荣浩．旅游公共服务供给制度变迁的路径依赖与创新选择［J］．湖南社会科学，2012，（2）：65－68.
[104] 徐菊凤，潘悦然．旅游公共服务的理论认知与实践判断——兼与李爽商榷［J］．旅游学刊，2014，29（1）：27－38.
[105] 文斌，张小雷，杨兆萍，等．欠发达地区旅游公共服务供给演化及驱动机制探讨［J］．干旱区地理，2015，38（6）：1282－1289.
[106] 王莹，刘慧洁．基于产业链的乡村社区旅游公共服务市场化供给与政府激励性规制探析［J］．旅游论坛，2015，8（5）：78－83.
[107] 朱俊杰，丁登山，韩南生．中国旅游业地域不平衡分析［J］．人文地理，2001，16（1）：27－30.
[108] 余洁．省级旅游市场供给环境及其评价方法研究——以山东省为例［J］．山东师范大学学报（自然科学版），2002，17（4）：51－54.
[109] 张祖群，蔡红．旅游供给的二维组合态势与创新开发模式——我国西部12省（区）案例［J］．地理与地理信息科学，2005，21（6）：86－90.
[110] 孙琨，闵庆文，成升魁，等．大香格里拉地区旅游供需比较性分析［J］．资源科学，2014，36（2）：245－251.
[111] 薛华菊，马耀峰，黄毅，等．城市旅游供需系统耦合评价研究——以北京市入境旅游为例［J］．北京第二外国语学院学报，2014（11）：44－50.
[112] 詹新惠．利益相关者：城市旅游目的地供—需协调认知评价研究［D］．西安：陕西师范大学，2015.
[113] 高爱颖．县域旅游供给结构及调整对策研究［D］．济南：山东师范大学，2007.
[114] 保继刚，梁增贤．基于层次与等级的城市旅游供给分析框架［J］．人文地理，2011（6）：1－9.
[115] 陈青松，马耀峰，李森，等．基于模糊物元法的我国六大城市旅游供给评价研究［J］．河南科学，2014，32（11）：2366－2372.
[116] 刘晓霞，王兴中．中国旅游饭店供给特征研究［J］．经济地理，2002，22（4）：509－512.
[117] 张辉，厉新建，秦宇．旅游经济增长点战略实现路径分析［J］．商业经济与管理，

2000 (6): 46 – 49, 53.
[118] 锁秀，甘巧林．关于广东旅游购物消费需求与供给的几点思考 [J]．华南师范大学学报（自然科学版），2005 (2): 37 – 42.
[119] 刘锋．供给侧改革下的新型旅游规划智库建设思考 [J]．旅游学刊，2016，31 (2): 8 – 10.
[120] 牛亚菲．旅游供给与需求的空间关系研究 [J]．地理学报，1996，51 (1): 80 – 87.
[121] 厉新建．旅游供求理论再认识 [J]．北京第二外国语学院学报，2000 (1): 23 – 27.
[122] 戴斌．旅游供求：两个初步的模型 [J]．南开经济研究，1997 (2): 61 – 65.
[123] 李丰生，李静，陆琳．现代旅游供求平衡分析 [J]．特区经济，2007 (5): 191 – 192.
[124] 魏遐，吴必虎．峰值期国内旅游市场供需关系研究——以 1999 年国庆假日旅游潮为例 [J]．人文地理，2000，15 (6): 29 – 33.
[125] 吴俊梅．我国旅游饭店供求非均衡分析 [D]．西安：西北大学，2001.
[126] 徐虹．供需环境变化对旅游目的地供应链内涵的影响研究 [J]．北京第二外国语学院学报，2009 (9): 14 – 19.
[127] 董亚娟．供需视角下入境旅游流驱动与城市目的地响应耦合关系研究 [D]．西安：陕西师范大学，2012.
[128] 张春晖，马耀峰，吴晶，等．供需视角下西部入境旅游流与目的地耦合协调度及其时空分异研究 [J]．经济地理，2013，33 (10): 174 – 181.
[129] 高佩佩，吴晋峰，辛亚平，等．中国旅游饭店供需系统的耦合协调度研究 [J]．旅游论坛，2010，3 (4): 423 – 426.
[130] 李森．旅游流与城市三维度旅游供给耦合评价及结构耦合研究 [D]．西安：西北大学，2015.
[131] 马耀峰，刘军胜．基于供需视角的国内外旅游耦合研究审视 [J]．陕西师范大学学报（自然科学版），2014，42 (6): 76 – 84.
[132] 刘宏盈，马耀峰．入境旅游流空间转移与省域旅游经济联系强度耦合分析 [J]．资源科学，2008，30 (8): 1162 – 1168.
[133] 高楠，马耀峰，李天顺，等．1993 ~ 2010 年中国入境旅游与进口贸易耦合关系时空分异研究 [J]．经济地理，2012，32 (11): 143 – 148.
[134] 杨敏，马耀峰，李天顺，等．网络信息与入境旅游流的 V-R 耦合关系分析：以澳大利亚入境旅游流为例 [J]．干旱区资源与环境，2012，26 (6): 214 – 219.
[135] 方世巧，马耀峰，李天顺，等．基于百度搜索的西安市 A 级景区信息与旅游流耦合分析 [J]．干旱区资源与环境，2012，26 (8): 190 – 194.
[136] 詹新惠，马耀峰，刘军胜．入境旅游流与区域经济发展的耦合协调度研究：以河南省为例 [J]．河南科学，2013，31 (6): 913 – 919.
[137] 王兆峰．入境旅游流与航空运输网络协同演化及差异分析：以西南地区为例 [J]．地理研究，2012，31 (7): 1328 – 1338.
[138] 董亚娟，马耀峰，李振亭，等．西安入境旅游流与城市旅游环境耦合协调关系研究 [J]．地域研究与开发，2013，32 (1): 98 – 101.
[139] 吴冰，马耀峰，毕丽芳，等．西部旅游城市入境旅游流与饭店耦合协调度对比研究：

以西安、成都为例［J］. 资源开发与市场，2013，29（8）：863－866.

［140］王永明，马耀峰. 城市旅游经济与交通发展耦合协调度分析——以西安市为例［J］. 陕西师范大学学报（自然科学版），2011，39（1）：86－90.

［141］冯娜，李君轶. 外向在线旅游信息流与入境旅游流的耦合分析——以美加入境旅游流为例［J］. 旅游学刊，2014，29（4）：79－86.

［142］裴博，马耀峰，李天顺，等. 供需视角下入境旅游流与星级饭店系统耦合协调及其影响因素分析——以北京市为例［J］. 陕西师范大学学报（自然科学版），2014，42（5）：97.

［143］陈青松. 城市旅游供需耦合协调度级别甄选评价研究［D］. 西安：陕西师范大学，2015.

［144］王淑新，王学定. 供需视角下的中国旅游经济发展——一个面板数据的实证分析［J］. 经济问题探索，2014（1）：184－190.

［145］王克军，马耀峰. 入境旅游与目的地供给关系感知研究——以成都市为例［J］. 北京第二外国语学院学报，2015（1）：60－66.

［146］韦智超，牛亚菲，陈田. 基于流域梯度差的旅游空间模型研究——兼论广西西江经济带旅游开发［J］. 地理科学进展，2011，30（10）：1321－1328.

［147］詹新惠，马耀峰，刘军胜，等. 旅游目的地供给感知差异研究——“故地重游”与“初来乍到”对比［J］. 西北大学学报（自然科学版），2016，46（1）：129－133.

［148］郭建科，王绍博，王辉，等. 哈大高铁对东北城市旅游供需市场的空间效应研究——基于景点可达性的分析［J］. 地理科学进展，2016，35（4）：505－514.

［149］田里. 旅游经济学［M］. 北京：高等教育出版社，2006.

［150］宋海岩. 旅游经济学［M］. 北京：中国人民大学出版社，2010.

［151］周一星. 城市地理学［M］. 北京：商务印书馆，1995.

［152］任继周，万长贵. 系统耦合与荒漠－绿洲草地农业系统——以祁连山－临泽剖面为例［J］. 草业学报，1994，3（3）：1－8.

［153］刘耀彬，李仁东，宋雪峰. 中国城市化与生态环境耦合度分析［J］. 自然资源学报，2005，2（1）：105－112.

［154］黄剑坚，王保前. 我国系统耦合理论和耦合系统理论在生态系统中的研究进展［J］. 防护林科技，2012（5）：58－61.

［155］万里强，侯向阳，任继周. 系统耦合理论在我国草地农业系统应用的研究［J］. 中国生态农业学报，2004，12（1）：162－164.

［156］弗朗索瓦·佩鲁，新发展观［M］. 张宁，译. 北京：华夏出版社，1987.

［157］Friedman J R. Regional development policy：A case study of Venezuela［J］. Urban Studies，1967，4（3）：309－311.

［158］Castelles M. The informational city：information technology，economic restructuring and the urban-regiona progress［M］. Oxford UK & Cambridge USA：Black-well，1989.

［159］黄泰，张捷. 基于旅游流特征分析的旅游区域影响研究——以淮安市为例［J］. 旅游科学，2006，20（2）：18－24.

［160］谢彦君. 基础旅游学［M］. 北京：中国旅游教育出版社，2004.

[161] 张佑印，顾静，马耀峰．旅游流研究的进展、评价与展望［J］．旅游学刊，2013，28（6）：38－46.

[162] Pearce DG. Towards a geography of tourism［J］. Annals of Tourism Research，1979，6（3）：245－272.

[163] Lundgren JOJ. The tourism frontier of Nouveau Quebec：Funcions and regional linkages［J］. Tourism Review，1982，37（2）：10－16.

[164] Pearce D G. Tourism today：A geographical analysis［M］. Harlow：Longman，1987.

[165] 保继刚，楚义芳．旅游地理学（修订版）［M］．北京：高等教育出版社，1999.

[166] 吴必虎．上海城市游憩者流动行为研究［J］．地理学报，1994，49（2）：117－127.

[167] 张佑印．北京入境集聚扩散旅游流时空演变规律及动力机制研究［D］．西安：陕西师范大学，2010.

[168] 杨兴柱，顾朝林，王群．旅游流驱动力系统分析［J］．地理研究，2011，30（1）：23－36.

[169] Bulter R W. The concept of a tourist area cycle of evolution：implications for management of resources［J］. Canadian Geographer，1980（24）.

[170] Hevinen G R. A tourist cycle in Lancaster County，Pennsylvania［J］. Canadian Geographer，1981，25（3）：283－286.

[171] Lagiewski R. The application of the TALC model：A litertature survey［M］. Bristol：Channel View Publications. 2006.

[172] Haywood K M. Can the tourist-area life cycle be made operational？［J］. Tourism Management，1986，7（3）：154－167.

[173] 杨森林．旅游产品生命周期论质疑［J］．旅游学刊，1996，11（1）：45－47.

[174] 李舟．关于旅游产品生命周期论的深层思考——与杨森林老师商榷［J］．旅游学刊，1997，12（1）：38－40.

[175] 保继刚．旅游生命周期理论与旅游规划［J］．建筑师，1998，8（5）：41－50.

[176] 丁健，保继刚．特类卡斯特洞穴旅游生命周期探讨——以云南建水燕子洞为例［J］．中国岩溶，2000，19（3）：284－289.

[177] 陆林．山岳型旅游地生命周期研究——安徽黄山、九华山实证分析［J］．地理科学，1997，17（1）：63－69.

[178] Swarbrooke J. Sustainable tourism management［J］. Annals of Tourism Research，1999，28（2）：523－525.

[179] 金菊良，魏一鸣，周玉良．复杂系统综合评价的理论框架及其在水安全评价中的应用［J］．农业系统工程与综合研究，2008，24（4）：391－397.

[180] 宋长春，邓伟，宋新山，等．松嫩平原西部生态脆弱带景观结构与生态耦合分析［J］．应用生态学报，2003，14（9）：1464－1468.

[181] 廖重斌．环境与经济协调发展的定量评判及其分类体系——以珠江三角洲城市群为例［J］．热带地理，1999，19（2）：76－82.

[182] 谭婧，陶小马，陈旭．基于改进熵值法的城市“精明增长”综合测度——以长江三角洲16市为例［J］．长江流域资源与环境，2012，21（2）：129－136.

[183] 张子昂，黄震方，孔少君，等．近 30 年浙江省入境旅游周期波动特征及影响机制［J］．经济地理，2016，36（1）：186－193.
[184] 胡宇娜．中国旅游产业效率时空演变特征与驱动机制研究［D］．长春：东北师范大学，2016.
[185] 赵璐，赵作权，王伟．中国东部沿海地区经济空间格局变化［J］．经济地理，2014，34（2）：14－17，27.
[186] 赵璐．中国经济格局时空演化趋势［J］．城市发展研究，2013，20（7）：14－18.
[187] 褚艳玲，宫之光，杨忠振．21 世纪以来中国航空货运空间变化研究［J］．地理科学，2016，36（3）：335－341.
[188] 齐元静，杨宇，金凤君．中国经济发展阶段及其时空格局演变特征［J］．地理学报，2013，68（4）：517－531.
[189] 刘春济．我国旅游产业结构优化研究［M］．天津：南开大学出版社，2015.
[190] 王静起．旅游产业经济学［M］．北京：北京大学出版社，2006.
[191] 董红梅，赵景波．中国高等级旅游资源数量与旅游人数、旅游收入的关系研究［J］．干旱区资源与环境，2011，25（2），173－177.
[192] 韩春鲜．基于旅游资源优势度差异的新疆旅游经济发展空间分析［J］．经济地理，2009，29（5），871－875.
[193] 左冰．中国旅游经济增长因素及其贡献度分析［J］．商业经济与管理，2011（10）：82－90.
[194] 曹芳东，黄震方，余凤龙，等．国家级风景名胜区旅游效率空间格局动态演化及其驱动机制［J］．地理研究，2014，33（6）：1151－1166.
[195] 赵曌，石敏俊．东北地区市场潜力分析与区域经济发展［J］．地理研究，2009，28（1）：203－214.
[196] 丁小燕，王福军，白洁，等．基于市场潜力模型的京津冀区域空间格局优化及产业转移研究［J］．地理与地理信息科学，2015，31（4）：89－93.
[197] 伍华佳，苏东水．开放经济条件下中国产业结构的演化研究［M］．上海：上海财经大学出版社，2007.
[198] Balanuer J，Cantavella JM. Tourism as a long-run economic grow：the Spanish Case［J］. Applied Economics，2002，34（7）：884－887.
[199] Oh CO. The contribution of tourism development of economic growth in Korean economy［J］. Tourism Management，2005，26（1）：39－44.
[200] Kim H J，Chen M H，Jang S C. Tourism expansion and economic development：The case of Taiwan［J］. Tourism Management，2006，27（5）：925－933.
[201] 李小建．中国特色经济地理学探讨［M］．北京：科学出版社，2017.
[202] 卢现祥，朱巧云．新制度经济学［M］．北京：北京大学出版社，2014.
[203] 高萍，孙群力．制度变迁对区域经济增长影响的实证分析——以经济体制变迁和产权制度变迁为例［J］．财经科学，2006（11）：53－60.
[204] 刘玉珂，邝湘敏．制度变迁与区域经济增长：基于湖南省级数据的实证［J］．经济地理，2012，32（1）：25－29.

[205] 樊纲，王小鲁，马光荣．中国市场化进程对经济增长的贡献 [J]. 经济研究，2011，46 (9)：4-16.

[206] 王彩萍，徐红罡．制度动因与旅游多元化：理论、实证与案例 [M]. 北京：经济科学出版社，2015.

[207] 方叶林．中国省域旅游业效率及演化机理研究 [D]. 南京：南京师范大学，2014.

[208] Bourdieu P. The forms of capital [M]. Greenwood County：Greenwood Press，1986：280-291.

[209] 罗纳德科斯．财产权利与制度变迁——产权学派与新制度学派译文集 [M]. 刘守英，等，译．上海：格致出版社，2014.

[210] Bucci A，Segre G. Culture and human capital in a two-sector endogenous growth model [J]. Research in Economics，2001，65 (4)：279-293.

[211] 高波．新常态下中国经济增长的动力和逻辑 [J]. 南京大学学报，2016，53 (3)：31-42，158.

[212] 张志亮．旅游开发背景下大寨的文化资本及其再生产 [J]. 旅游学刊，2009，24 (12)：36-41.

[213] 吴启焰，王兆杰．布尔迪厄的文化资本理论在旅游规划中的应用 [J] 人文地理，2011，26 (1)：113-117.

[214] Harrison A. Openness and growth：a time series，cross-country analysis for developing countries [J]. Journal of Development Economics，1996，48：419-447.

[215] Marwaha. The econometric analysis of economic time series [J]. International Statistical Review，2004 (3)：66-70.

[216] Levine R. Financial development and economic growth：Views and Agenda [J]. Social Science Electronic Publishing，1997，35 (2)：688-726.

[217] 谢守红．中国各省区对外开放度比较研究 [J]. 地理科学进展，2003，22 (3)：296-303.

[218] 赵东喜．中国省际入境旅游发展影响因素研究——基于分省面板数据分析 [J]. 旅游学刊，2008，23 (1)：41-45.

[219] 侯永康．对外开放影响旅游产业发展的机理探析 [J]. 山西财经大学学报，2010，32 (2)：155-156.

[220] Alipour H，Kilic H. An institutional appraisal of tourism development and planning：the case of the Turkish Republic of North Cyprus [J]. Tourism Management，2005，26 (1)：79-94.

[221] Jackson J. Developing regional tourism in China：the potential for activating business clusters in a socialist market economy [J]. Tourism Management，2006，27 (4)：695-706.

[222] Baum T，Szivas E. HRD in tourism：a role for government [J]. Tourism Management，2008，29 (4)：783-794.

[223] Buhalis D，Law R. Progress in information technology and tourism management：20 years on and 10 years after the internet-The state of tourism research [J]. Tourism Management，2008，29 (4)：609-623.

[224] 邓冰，俞曦，吴必虎．旅游产业的集聚及其影响因素初探［J］．桂林旅游高等专科学校学报，2004，15（6）：53－57.
[225] 冯学钢，王琼英．中国旅游产业潜力评估模型及实证分析［J］．中国管理科学，2009，17（4）：178－184.
[226] 方世敏，赵金金．旅游产业集群形成影响因素关联度分析——以长株潭城市群旅游圈为例［J］．旅游论坛，2010，3（4）：432－437.
[227] 王坤，黄震方，陶玉国，等．区域城市旅游效率的空间特征及溢出效应分析——以长三角为例［J］．经济地理，2013，33（4）：161－167.
[228] 李宝仁．高级计量经济学［M］．北京：经济科学出版社，2012.
[229] Granger CWJ. Investigating Casual Relations by Econometric Models and Cross Spectral Model［J］．Economentrica，1969，37（3）：424－438.
[230] 樊欢欢，刘荣．Eviews 统计分析与应用［M］．北京：机械工业出版社，2014.
[231] Engle R F，Granger CWJ. Co-integration and error correction：representation，estimation and testing［J］．Econometrica，1987，55（2）：251－276.
[232] Pedroni P. Critical values for cointegration tests in heterogeneous panels with multiple regressors［J］．Oxford Bulletin of Economics & Statistics，1999，61：653－670.
[233] Hsicao C，Taylor G. Some remarks on measurement error and the edentification of panel data models［J］．Statistica Neerlandica，1991，45（2）：187－194.
[234] Blundell R，Bond S. Initial conditions and moment restrictions in dynamic panel data models［J］．Journal of Econometrics，1998，87：115－143.
[235] 王恩旭．区域旅游产业效率评价研究［D］．大连：大连理工大学，2011.
[236] 杨勇．旅游业与我国经济增长关系的实证分析［J］．旅游科学，2006，20（2）：40－46.
[237] 武大勇，张伟，姜凌．变系数动态面板数据模型的半参数估计［J］．数量经济技术研究，2008（2）：142－148.
[238] 朱绍格，王元凯．农户消费的时序固定效应研究——基于省级面板数据的实证分析［J］．统计与信息论坛，2009，24（6）：65－70.
[239] 余凤龙，陆林．制度对旅游发展影响研究综述与启示［J］．旅游学刊，2008，23（9）：90－96.
[240] 詹丽，何伟军，阚如良．旅游产业集群发展研究［M］．北京：中国社会科学出版社，2015.
[241] 曾博伟，魏小安．旅游供给侧结构性改革［M］．北京：中国旅游教育出版社，2016.